회화에서 글쓰기까지,
당신의 영어 실력을 탄탄하게 받쳐줄

써먹는 영문법

회화에서 글쓰기까지,
당신의 영어 실력을 탄탄하게 받쳐줄

써먹는
영문법

브랜던 로열 지음 | 정수진 옮김

"더 이상 영어 실력이
늘지 않는다면,
그건 영문법
때문이다!"

카시오페아
Cassiopeia

"규칙을 지키는 법을 익히기도 전에
그 규칙을 어기는 것은 현명하지 않다."
-T. S. 엘리엇

영문법으로 '진짜 실력' 다지기!

'기본'의 힘은 단순하면서도 강력하다. 나무가 울창하게 자라려면 뿌리가 튼튼해야 하듯이, 한 가지 언어를 유창하게 다루려면 가장 기본적인 문법을 정확하게 알고 있어야 한다. 아주 기본적인 규칙들만 제대로 알고 있어도 누구나 자신이 원하는 대로 표현하는 게 가능해진다. 아니, 오히려 짧고 간결하게 표현할수록 더욱더 강력한 영향력을 갖게 된다. 불필요한 오해를 불러일으키지 않기 때문이다.

이 책에서는, 그런 규칙들 중에서도 특히 '문장'에 관한 규칙들을 다루고 있다.

일단 우리는 문법 실수가 반복해서 일어나는 영역을 살펴보고, 그 실수를 바로잡아줄 기본 문법 몇 가지를 살펴볼 것이다. 그 규칙들을 익히는 것만으로도 당신은 잘못된 문장과 올바른 문장의 차이점을 한눈에 짚어낼 수 있을 것이다.

그 후에는 문장을 구성하는 데 쓰이는 단어와 어구들을 알아보고, 조금만 집중해도 어휘 실력을 크게 향상시킬 수 있는 200개의 관용표현들을 배워볼 것이다. 물론 이러한 규칙들을 제대로 체화할 수 있도록 각각의 규칙들을 녹여낸 여러 가지 문제들도 함께 풀어볼 것이다.

마지막으로 '문법'에 영향을 미치는 몇 가지 요소들을 조금 더 살펴보면서 이 짧지만 명료한 '영문법 여행'을 끝맺게 될 것이다.

장담컨대 이 여정은 '문법적으로 흠잡을 데 없는 영어'의 세계로 당신을 이끌어줄 것이다.

자, 이제 출발해보자.

목차

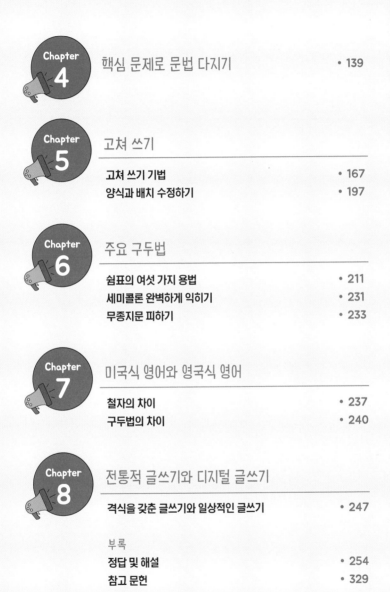

기본 문법의
세계

드디어 40개의 기본 문법들을 알아볼 차례다. 문법 설명과 함께 각 문법 규칙에 해당하는 문제들이 함께 나오니, 주의 깊게 풀어보길 바란다. 특히 '주어-동사의 일치 및 수식, 대명사 용법, 병치구조, 비교 문구, 동사활용' 등은 문법적인 실수가 가장 빈번하게 나타나는 영역이므로 신경 써서 살펴보자.

　하지만 부담스럽게 생각할 필요는 없다. 답을 알아내는 것보다 중요한 것은 이 장에 나온 40가지 기본 문법을 완벽하게 익히는 것이니 말이다. 만약 문제가 어렵게 느껴진다면 2장과 3장 부분을 먼저 읽어본 후에 도전해도 좋다.

　문제의 정답은 254쪽에 수록되어 있다.

'주어-동사의 일치'에서 기억해야 할 대원칙은, 단수 주어에는 단수형 동사를 쓰고 복수 주어에는 복수형 동사를 써야 한다는 것이다. 물론 동사를 단수로 쓸지 복수로 쓸지 결정하기 위해서는 먼저 주어의 정체를 밝혀내야 한다.

규칙 1

"And"가 있으면 언제나 복합 주어가 된다.

"and"는 나란히 놓인 여러 개의 단수 명사를 복수 주어로 만들어 주는 유일한 연결어다. 곧이어 나올 규칙 2에 해당하는 상황이 아니라면, "and"로 연결된 주어가 있을 때는 복수 동사를 써야 한다.

Q1. An office clerk and a machinist (was/were) present but unhurt by the on-site explosion.

한 명의 사무직원과 기술자가 현장에 있었지만 폭발로 인한 부상은 없었다.

규칙 2

"And"로 연결된 두 주체가 한 덩어리의 뜻을 지니고 있을 때는, 주어를 단수로 간주하고 단수형 동사를 쓴다.

Q2. Eggs and bacon (is/are) **Tiffany's favorite breakfast.**

베이컨을 곁들인 계란 요리는 티파니가 좋아하는 아침식단이다.

규칙 3

"Or"로 연결된 두 주체가 문장의 주어로 왔을 때는, 단수일 수도 있고 복수일 수도 있다.

두 주체가 모두 단수라면 동사는 단수형으로 쓴다. "Or"로 연결된 두 주체가 모두 복수라면 동사는 복수형으로 쓴다. 둘 중 하나는 단수, 나머지 하나는 복수라면 "or" 뒤에 오는 주어에 동사를 일치시킨다.

Q3. In the game of chess, capturing one knight or three pawns (yields/yield) **the same point value.**

체스에서는 나이트 하나를 잡든 폰 셋을 잡든 점수가 똑같다.

규칙 4

"가짜 복합 주어"는 복수 주어가 아니다.

*as well as*와 along with, besides, in addition to, together with 등의 어구가 붙어 있다면 '가짜 복합 주어'라고 생각해야 한다. 주어부에 이러한 어구가 있을 때는 단수형 동사를 쓴다.

Q4. A seventeenth-century oil painting, along with several antique vases, (has/have) been placed on the auction block.

17세기의 유화 한 점이 여러 골동품 화병들과 함께 경매대에 올랐다.

규칙 5

전치사구(전치사로 시작하는 구절)는 문장의 주어를 포함할 수 없다.

가장 널리 쓰이는 전치사로는 in과 to, by, for, from 등이 있다. "전치사"의 뜻과 용어에 대한 설명은 '2장: 주요 문법 용어'에 더 자세히 나와 있다.

Q5. The purpose of the executive, administrative, and legislative branches of government (is/are) to provide a system of checks and balances.

정부를 입법부와 행정부, 사법부라는 세 가지 갈래로 나누어놓은 것은 체제의 견제와 균형을 위해서다.

규칙 6

"There is/there are"와 "here is/here are"가 주체에 붙어 있을 때는 동사를 주어 뒤가 아닌 앞에 놓는다.

영어 문장의 일반적인 어순은 주어-동사-목적어(S-V-O)이다. 그러나 "There is/there are"와 "here is/here are" 구조에서는 동사가 주어 앞에 오기 때문에 까다롭다. 따라서 이런 문장 구조에서는 동사 (이 경우에는 "is"나 "are") 뒤에 오는 단어가 진짜 주어이므로, 그것을 살펴서 동사의 형태를 결정해야 한다.

Q6. Here (is/are) the introduction and chapters one through five.

여기에 서문 및 1장부터 5장까지의 문서가 있다.

Q6-1. (Is/are) there any squash courts available?

사용할 수 있는 스쿼시 코트가 있는가?

NOTE ✎

종종 찾아볼 수 있는 문법 실수 중의 하나는, 복수 주어에 단수 형태의 축약형을 사용하는 것이다. "Here's the pictures you asked about"이라는 문장을 살펴보자. 축약형 "here's"를 풀어 쓰면 "here is"가 된다. 즉 위의 문장을 풀어 쓰면 "Here is the pictures you asked about"이다. 하지만 'the pictures'는 복수 주어이므로 'here is'가 아닌 'here are'를 써야 문법적으로 올바르다. 축약형을 삭제하고 복수형 동사를 사용해서 문장을 풀어 써야 한다.

반면 "Here's the list you were looking for"라는 문장은 문법적으로 옳다.

단수 주어인 "list"와 동사 "is"가 일치한다.

규칙 7

동명사와 부정사가 문장의 주어 역할을 할 때는 언제나 단수로 취급하며 단수형 동사를 쓴다.

Q7. Entertaining multiple goals (makes/make) **a person's life stressful.**

한 번에 여러 가지 목표를 추구하면 삶에 스트레스가 많아진다.

규칙 8

"-One"과 "-body", "-thing"으로 끝나는 부정 대명사는 언제나 단수이다.

Q8. One in every three new businesses (fails/fail) **within the first five years of operation.**

신생 기업들 셋 가운데 하나는 5년 내에 망한다.

규칙 9

"Both"와 "few", "many", "several" 등의 부정 대명사는 항상 복수로 취급한다.

Q9. Few of the students, if any, (is/are) ready for the test.

시험 준비가 된 학생이 거의 없다.

규칙 10

부정 대명사 "some"과 "none"은 단수도 될 수 있고 복수도 될 수 있다.

부정 대명사

단수 또는 복수	예
항상 단수인 부정 대명사	anybody, anyone, anything, each, either, every, everybody, everyone, everything, neither, nobody, no one, nothing, one, somebody, someone, something
항상 복수인 부정 대명사	both, few, many, several
단수도 될 수 있고 복수도 될 수 있는 부정 대명사	all, any, most, none, some

Q10. Some of the story (makes/make) sense.

이야기의 일부분은 타당하다.

Q10-1. Some of the comedians (was/were) hilarious.

몇몇 코미디언들은 정말 웃겼다.

Q10-2. None of the candidates (has/have) any previous political experience.

정치 경험이 있는 후보가 아무도 없다.

규칙 11

"Either…or"와 "neither…nor" 구조에서는 "or"나 "nor" 바로 뒤에 오는 주어에 동사를 일치시킨다.

Q11. Either Johann or Cecilia (is/are) qualified to act as manager.

조한과 세실리아 둘 중 한 사람이 관리자 역할에 제격이다.

Q11-1. Neither management nor workers (is/are) satisfied with the new contract.

관리자와 노동자 모두 새 계약에 만족하지 못한다.

규칙 12

집합 명사는 (family, government, assembly, crew처럼) 개인들이 모여 있는 집단을 가리킨다. 전체로서의 한 집단을 일컫거나 하나의 개념을 강조할 때는 단수형 동사를 사용한다. 그렇지 않을 경우에는 복수형 동사를 쓴다.

Q12. Our group (is/are) meeting at 6 p.m.

우리는 저녁 6시에 만날 예정이다.

Q12-1. A group of latecomers (was/were) escorted to their seats.

늦게 도착한 무리가 자리로 안내되었다.

규칙 13

"The number"는 단수 명사로써 단수형 동사를 취한다.
"A number"는 복수 명사로써 복수형 동사를 사용한다.

Q13. The number of road accidents (has/have) decreased.

길에서 발생하는 사고 횟수가 줄었다.

Q13-1. A number of train accidents (has/have) occurred.

기차 사고가 많이 발생했다.

규칙 14

백분율이나 분수 뒤에 "of로 시작하는 구"가 오면 단수형 동사를 쓸 수도 있고 복수형 동사를 쓸 수도 있다. 어떤 쪽을 선택할지는 "of로 시작하는 구" 안의 명사가 단수인지 복수인지에 달렸다.

Q14. Fifty percent of video gaming (is/are) having great reflexes.

비디오 게임의 50퍼센트는 강력한 반사작용을 불러일으킨다.

Q14-1. Two-thirds of their classmates (has/have) wake boards.

반 친구의 3분의 2가 웨이크보드를 가지고 있다.

규칙 15

돈(Dollars, pounds 등)이나 시간(five years, the fifties 등), 무게 (pounds, kilograms 등), 부피(gallons, kilograms 등)의 측량 단위는 언제나 단수이며 단수형 동사를 쓴다.

Q15. Ten dollars (is/are) an average daily wage for many people in the developing world.

개발도상국에서는 많은 사람들이 일당으로 평균 10달러를 받는다.

 **대명사의 쓰임**

이 범주에서는 특히 인칭 대명사와 관련된 법칙을 제대로 알아야 한다. 주격과 목적격 중 맞는 것 고르기, 선행사와 수 일치시키기, 문맥상 대명사 확실히 하기 등의 영역에서 가장 많은 실수가 나오기 때문이다.

규칙 16

일반적으로 문장 앞쪽의 대명사는 주격, 뒤쪽의 대명사는 목적격 형태를 취한다. 하지만 보다 확실한 규칙은 대명사가 동사의 주어일 때는 주격 형태를 쓰고 목적어일 때는 목적격 형태를 쓰는 것이다.

Q16. The present is from Beth and (she/her)**.**

이것은 그녀와 베스에게서 받은 선물이다.

Q16-1. Cousin Vinny and (he/him) are both valedictorians.

그와 사촌 비니는 둘 다 졸업생 대표다.

규칙 17

대명사가 전치사의 직접 목적어일 때는 목적격 형태를 쓴다.

Q17. Between you and (I/me), this plan makes a lot of sense.

이 계획은 너와 내게 꽤 그럴 듯하다.

Q17-1. Do not ask for (who/whom) the bell tolls.

종이 누구를 위해 울리는지 묻지 말라.

Q17-2. People like you and (I/me) should know better.

너와 나 같은 사람들은 더 잘 알고 있어야 한다.

규칙 18

"Than"이나 "as…as"를 써서 비교급을 만들 때, 주격 대명사와 목적격 대명사 중 무엇을 써야 할지 모르겠다면 "생략된 단어(아래 예문들의 경우 동사)"를 문장 안에 넣어서 확인해본다.

Q18. My nephew is taller than (I/me). 내 조카가 나보다 더 크다.

Q18-1. We skate as fast as (they/them).

우리는 그들만큼 스케이트를 빨리 탄다.

Q18-2. During our group presentation, our teacher asked you more questions than (I/me).

그룹 발표를 하는 동안 선생님은 나보다 너에게 더 많이 질문했다.

규칙 19

"Who"는 대명사의 주격 형태이고 "whom"은 목적격 형태이다. 문맥상 "he"나 "she", "they"를 대신하는 것이라면 "who"를 사용한다. "Him"이나 "her", "them"을 대신해서 쓰는 것이라면 "whom"을 사용한다.

인칭 대명사

	주격	소유격	목적격
1인칭 단수	I	my, mine	me
2인칭 단수	you	your, yours	you
3인칭 단수	he, she, it	his, her, hers, its	him, her, it
1인칭 복수	we	our, ours	us
2인칭 복수	you	your, yours	you

3인칭 복수	they	their, theirs	them
who	who	whose	whom

Q19. The woman (who/whom) is responsible for pension planning is Mrs. Green.

연금 계획을 책임지고 있는 사람은 그린 부인이다.

Q19-1. This gift is intended for (who/whom)?

이 선물은 누구에게 줄 것인가?

규칙 20

기본 인칭 대명사로 충분하다면 ("-self"로 끝나는) 재귀대명사는 사용하지 않는다.

Q20. The tour leader told Julie and (me/myself) to turn off our cell phones.

여행 인솔자는 줄리와 내게 휴대폰 전원을 끄라고 말했다.

Q20-1. Young Robert hurt (him/himself) while climbing alone.

청년 로버트는 혼자 등산을 하다가 다쳤다.

규칙 21

대명사는 선행사와 수가 일치해야 한다.

Q21. A not-for-profit, like any other organization, has (its/their) **own rules and regulations to follow.**

비영리 단체에도 다른 조직과 마찬가지로 따라야 할 독자적인 규칙과 규정들이 있다.

Q21-1. Everybody should mind (his or her/their) **own business.**

모두들 남의 일에 쓸데없이 참견하지 말아야 한다.

NOTE ✏

단수 선행사를 "they"로 받는 경우도 있다. 연설할 때 혹은 격식을 갖춰 글을 쓸 때에는 적절하지 않지만, 일상적인 말하기 혹은 글쓰기에서라면 단수 주어라도 그것을 가리키는 선행사로 "they"를 쓰는 경우가 종종 있다.

예: Any parent knows that they have to be involved in a child's education.

("Parent"는 단수지만, 복수 대명사인 "they"를 선행사로 사용했다.)

규칙 22

문맥상 대명사가 가리키는 대상이 모호해서는 안 된다. 특정 명사를 명확하게 가리키지 않으면 대명사가 지시하는 대상이 모호해진다.

잘못된 예:

Sam never argues with his father when <u>he</u> is drunk.

샘은 취했을 때는 아버지와 언쟁을 벌이지 않는다.

위의 문장을 올바르게 고치기:

Q22. Sam never argues with his father when _____ is drunk.

규칙 23

"대명사 불일치"는 인칭 또는 수의 불일치를 의미한다. 한 문장 안에서 (혹은 하나의 단락이나 한 편의 글 안에서) 1인칭은 1인칭으로, 2인칭은 2인칭으로, 3인칭은 3인칭으로 받아야 한다. 3인칭 단어인 "one"이나 "a person"을 2인칭 단어인 "you"로 받는 경우나, 3인칭 단수인 "he"나 "she", "one", "a person" 등을 3인칭 복수인 "they"로 받는 경우 모두 잘못됐다.

잘못된 예:

To know that <u>a person</u> can't vote is to know that <u>you don't</u> have a voice.

투표권이 없다는 것은 자신의 목소리를 낼 수 없다는 뜻이다.

위의 문장을 올바르게 고치기:

Q23. To know that a person can't vote is to know that _____ have a voice.

잘못된 예:

<u>One</u> cannot really understand another country until <u>they</u> have studied its history and culture.

역사와 문화를 공부해야 그 나라를 진정으로 이해할 수 있다.

위의 문장을 올바르게 고치기:

Q23-1. One cannot really understand another country until _____ studied its history and culture.

수식

　수식어는 가능한 한 꾸밈을 받는 명사 가까운 곳에 위치해야 한다. 영어는 수식 관계를 형성할 때 어순에 크게 의존하기 때문에 단어의 위치가 매우 중요하다. 수식어는 그것이 잘못된 대상이라 할지라도 문장 안에서 자신과 가장 "가까운 곳"에 위치한 명사를 수식하기 때문이다.

규칙 24

　수식어가 잘못된 위치에 오면, 원래 꾸미고자 했던 대상을 더 이상 꾸미지 않게 된다.

잘못된 예:

He told her he wanted to marry her frequently.

그는 그녀와 결혼하고 싶다고 자주 이야기했다.

앞의 문장을 올바르게 고치기:

Q24. He _____ told her he wanted to marry her.

잘못된 예:

Coming out of the wood, the janitor was surprised to find termites.

관리인은 숲에서 흰개미들이 나오는 것을 보고 놀랐다.

위의 문장을 올바르게 고치기:

Q24-1. The janitor was surprised to find termites _____.

규칙 25

꾸밈을 받는 대상이 문장 안에 존재하지 않는 경우를 현수 수식어라고 한다.

잘못된 예:

After writing the introduction, the rest of the report was easy.

보고서의 도입부를 쓰고 난 뒤에, 나머지 부분은 쉽게 작성했다.

위의 문장을 올바르게 고치기:

Q25. After writing the introduction, _____ easily drafted the rest of the report.

잘못된 예:

Walking along the shore, fish could be seen jumping in the lake.

두 사람은 호숫가를 따라 걸으며 물에서 물고기가 뛰어오르는 모습을 목격했다.

위의 문장을 올바르게 고치기:

Q25-1. Walking along the shore, _____ could see fish jumping in the lake.

규칙 26

가끔 수식어구가 두 가지 대상 중 어느 쪽이든 꾸며줄 수 있는 위치에 놓일 때가 있다. 이럴 때는 둘 중 어느 쪽을 꾸미는지 명확하지 않으므로 모호함을 없애려면 문장을 고쳐 써야 한다.

의미가 모호한 문장:

She said in her office she had a copy of the map.

앞의 문장을 아래 해석에 맞게 명확하게 고치기:

Q26. She said she had _____ lying in her office.

그녀는 사무실에 지도 사본이 한 장 있다고 말했다.

규칙 27

구나 절로 시작하는 문장은, 쉼표 바로 뒤에 나오는 단어를 꾸민다.

잘못된 예:

In addition to building organizational skills, the summer internship also helped me hone my team-building skills.

나는 여름 인턴 근무 기간 동안 조직 기술을 쌓았을 뿐 아니라 팀 단합 기술도 연마했다.

위의 문장을 올바르게 고치기:

Q27. In addition to building organizational skills, _____

_____.

잘못된 예:

An incredibly complex mechanism, there are some 10 billion nerve cells in the brain.

놀랄 만큼 구조가 복잡한 뇌 속에는 100억 개 가량의 신경 세포가 있다.

위의 문장을 올바르게 고치기:

Q27-1. An incredibly complex mechanism, _____ has some

10 billion nerve cells.

잘못된 예:

Based on our observations, the project will succeed.

우리의 관찰로 미루어볼 때, 그 기획은 성공할 것이라고 여겨진다.

위의 문장을 올바르게 고치기:

Q27-2. _____.

 **병치 구조**

병치 구조에서 가장 중요한 원칙은 문장 안의 비슷한 요소들은 비슷한 형태로 써야 한다는 것이다.

규칙 28

동사는 일관된 형태로 써야 한다. 예를 들어 모두 함께 "-ed" 형태로 쓰거나 모두 함께 "-ing"로 써야 한다.

잘못된 예:

In the summer before college, Max was a waiter at a restaurant, pursued magazine sales, and even had a stint at delivering pizzas.

대학에 입학하기 전 여름에 맥스는 웨이터로 일하고, 잡지를 팔고, 피자를 배달했다.

위의 문장을 올바르게 고치기:

Q28. In the summer before college, Max _____ tables, _____ magazines, and even _____ pizzas.

규칙 29

나란히 놓인 세 항목 앞에 전치사를 쓸 때는, 맨 처음 항목 앞에만 전치사를 쓰던지 (나머지 두 항목 앞엔 쓰지 않는다) 아니면 각 항목 앞에 일괄적으로 모두 전치사를 써야 한다.

잘못된 예:

Our neighbors went to London, Athens, and to Rome.

우리 이웃들은 런던과 아테네, 로마에 갔다.

위의 문장을 올바르게 고치기:

Q29. Our neighbors went __ London, Athens, and Rome.

Q29-1. Our neighbors went __ London, __ Athens, and __ Rome.

규칙 30

("Either…or"나 "neither…nor", "not only…but also", "both…and" 같은) 상관 접속사의 각 부분 뒤에 오는 어구들은 서로 병치 구조를 이루어야 한다.

잘못된 예:

Jonathan not only likes rugby but also kayaking.

조나단은 럭비는 물론 카약도 좋아한다.

위의 문장을 올바르게 고치기:

Q30. Jonathan _____ rugby but also kayaking.

Q30-1. Jonathan _____ rugby but also _____

kayaking.

규칙 31

동명사와 부정사도 병치 구조를 이루어야 한다. 가능하면 동명사는 동명사끼리, 부정사는 부정사끼리 연결한다.

덜 효과적인 예:

Examining the works of William Shakespeare—his plays and poetry—is to marvel at one man's seemingly incomparable depth of literary expression.

극본과 시 등 윌리엄 셰익스피어의 작품을 살펴보면 문학적 표현의 엄청난 깊이에 감탄하게 된다.

앞의 문장을 효과적으로 고치기:

Q31. _____ the works of William Shakespeare—his plays and poetry—is to marvel at one man's seemingly incomparable depth of literary expression.

규칙 32

문장에서 단어 몇 개를 생략하더라도 의미 전달에는 큰 무리가 없을 때도 있다. 만약 병치 구조가 제대로 사용됐는지 확인하고 싶다면 생략된 구성 요소를 모두 채워 넣고 각각 올바른지 확인한다.

잘못된 예:

In the Phantom of the Opera play, the music is terrific and the stage props superb.
연극 오페라의 유령은, 음악이 훌륭하고 무대 장식이 뛰어나다.

위의 문장을 올바르게 고치기:

Q32. In the Phantom of the Opera play, the music is terrific and the stage props ___ superb.

잘못된 예:

The defendant's own testimony on the stand neither contributed nor detracted from his claim of innocence.

피고가 단상에서 직접 한 증언은 그의 결백을 주장하는 데 도움이 되지도, 해가 되지
도 않았다.

앞의 문장을 올바르게 고치기:

Q32-1. The defendant's own testimony on the stand neither
contributed ___ nor detracted from his claim of innocence.

비교

비교에서 가장 중요한 원칙은 사과는 사과와, 오렌지는 오렌지와 비교해야 한다는 점이다.

규칙 33

최상급("-est")은 셋 이상의 사람이나 사물을 비교할 때 쓰고, 비교급("-er")은 정확히 둘을 비교할 때 쓴다.

Q33. Between Tom and Brenda, Tom is (better/best) at math.

톰과 브렌다 중에서 톰이 수학을 더 잘한다.

Q33-1. Among our group, Jeff is the (wealthier/wealthiest) person.

우리 무리 중에서 제프가 가장 부유하다.

Q33-2. Of all the roses in our neighborhood, Chauncey Gardiner's grow the (more/most) vigorously.

인근의 모든 장미 중에서 천시 가디너의 장미가 가장 튼튼하게 자란다.

Q33-3. Chauncey Gardiner's roses grow (more/most) vigorously than any other in the neighborhood.

천시 가디너의 장미가 인근의 어떤 장미들보다 더 튼튼하게 자란다.

규칙 34

한 대상의 특징을 다른 대상과 직접 비교하는 것이 아니라 한 대상의 특징을 다른 대상의 특징과 비교해야 한다.

잘못된 예:

Tokyo's population is greater than Beijing.

도쿄 인구가 베이징 인구보다 많다.

위의 문장을 올바르게 고치기:

Q34. Tokyo's population is greater than the _____ of Beijing.

Q34-1. Tokyo's population is greater than Beijing's _____.

Q34-2. Tokyo's population is greater than that of _____.

Q34-3. Tokyo's population is greater than _____.

잘못된 예:

Of all the countries contiguous to India, Pakistan's borders are most strongly defended.

인도와 인접한 모든 국가들 중 파키스탄이 가장 굳건하게 국경을 수비한다.

위의 문장을 올바르게 고치기:

Q34-4. Of all the countries contiguous to India, _____.

규칙 35

비교 구문을 작성할 때 핵심 단어를 빼먹는 일은 종종 발생한다. 특히 의미 전달에 꼭 필요한 "those"나 "that" 같은 지시대명사를 빠뜨리지 않았는지 점검하자.

잘못된 예:

The attention span of a dolphin is greater than a chimpanzee.

돌고래의 주의 집중 시간이 침팬지의 주의 집중 시간보다 길다.

위의 문장을 올바르게 고치기:

Q35. The attention span of a dolphin is greater than _____
     a chimpanzee.

잘못된 예:

The requirements of a medical degree are more stringent than a law degree.

의학 학위 요건이 법학 학위 요건보다 더 까다롭다.

위의 문장을 올바르게 고치기:

Q35-1. The requirements of a medical degree are more stringent than _____ a law degree.

잘못된 예:

Like many politicians, the senator's promises sounded good but ultimately led to nothing.

다른 정치인들의 공약처럼, 그 상원 의원의 공약도 그럴듯하게 들렸지만 결국 흔적도 없이 사라졌다.

위의 문장을 올바르게 고치기:

Q35-2. Like _____ many politicians, the senator's promises sounded good but ultimately led to nothing.

규칙 36

"Like"는 구와 함께 쓴다. "As"는 절과 함께 쓴다.

"구"란 주어와 동사가 없는 관련 단어들의 집합체다. "절"은 주어와 동사가 있는 관련 단어들의 집합체다. 이 차이를 잊지 않으려면 간단히 "구는 동사가 없는 단어들의 집합, 절은 동사가 있는 단어들의 집합"으로 기억해도 된다.

Q36. No one hits home runs (as/like) Barry Bonds.

배리 본즈처럼 홈런을 치는 사람은 아무도 없다.

Q36-1. No one pitches (as/like) Roy Halladay does.

로이 할러데이처럼 공을 던지는 사람은 아무도 없다.

 **동사의 시제**

규칙 37

동사의 시제는 일관성이 있어야 한다. 보통 하나의 문장은 한 가지 시제로 써야 한다.

Q37. My dog barks when he (sees/saw) my neighbor's cat.

우리 집 개는 이웃 고양이만 보면 짖는다.

Q37-1. Yesterday afternoon, smoke (fills/filled) the sky and sirens sounded.

어제 오후, 연기가 하늘을 가득 메웠고 사이렌 소리가 들렸다.

Q37-2. Tomorrow, we (will go/will have gone) to the football game.

내일 우리는 축구 경기를 보러 갈 것이다.

규칙 38

현재 완료 시제에는 동사 "has"나 "have"를 쓴다. 과거 완료 시제에는 조동사 "had"를 쓴다. 미래 완료 시제에는 동사형 "will have"를 쓴다.

여섯 가지 동사 시제 한눈에 보기

시제	예문	요약
단순 현재	I study physics.	가까운 과거나 미래를 포함해서, 현재 일어나고 있는 사건이나 상황을 표현한다.
단순 과거	I studied physics.	과거에 일어난 사건이나 상황을 표현한다.
단순 미래	I will study physics.	미래에 일어날 사건이나 상황을 표현한다.
현재 완료	I have studied physics.	과거에 일어났지만 현재까지 이어지고 있는 사건이나 상황을 표현한다. 문장에서 동사 "has"나 "have"를 찾는다.
과거 완료	By the time I graduated from high school, I had decided to study physics.	과거의 특정 사건 혹은 상황보다 앞서 발생했던 사건과 상황을 표현한다. 더 먼저 일어난 사건을 나타내는 "had"를 찾아본다.
미래 완료	By the time I graduate from college, I will have studied physics for four years.	미래의 특정 사건 혹은 상황보다 뒤이어 발생할 사건과 상황을 표현한다. 미래의 두 사건 중 먼저 일어난 사건을 나타내는 "will have"를 찾아본다.

동사의 단순형과 진행형

	단순형	진행형
현재 시제	I travel	I am traveling
과거 시제	I traveled	I was traveling
미래 시제	I will travel	I will be traveling
현재 완료 시제	I have traveled	I have been traveling
과거 완료 시제	I had traveled ⋯	I had been traveling ⋯
미래 완료 시제	I will have traveled ⋯	I will have been traveling ⋯

Q38. We are raising money for the new scholarship fund. So far we (raised/have raised/had raised) $25,000.

우리는 새 장학 기금을 모집하고 있다. 지금까지 2만 5천 달러를 모았다.

Q38-1. By the time I began playing golf, I (played/had played) tennis for three hours.

나는 골프를 치기 전, 세 시간 동안 테니스를 쳤다.

Q38-2. Larry (studied/has studied/had studied) Russian for five years before he went to work in Moscow.

래리는 모스크바로 일하러 가기 전 5년 동안 러시아어를 공부했다.

Q38-3. By the time evening arrives, we (finished/had finished/will have finished) the task at hand.

저녁이 되면, 우리에게 닥친 일은 마무리될 것이다.

규칙 39

가정법에는 동사 "was" 대신 "were"를 쓴다. 가정법은 가상의 상황을 나타내는 문법으로써, 바람이나 의심, 가능성을 표현할 수 있다. 사실과 반대인 상황을 나타낼 때도 쓴다.

Q39. Sometimes she wishes she (was/were) on a tropical island having a drink at sunset.

가끔 그녀는 열대의 섬에서 석양을 보며 술을 한잔 하고 싶어 한다.

Q39-1. If I (was/were) you, I would be feeling quite optimistic.

내가 너라면 훨씬 긍정적일 텐데.

규칙 40

조건문은 주로 "If…then"의 형식으로 쓰는데, "If"절 뒤에 "결과"절이 따라붙는다. 이때 "will"을 쓸지 "would"를 쓸지 잘 결정해야 한다. 일단 주어진 조건문이 가정법을 포함하고 있는지 확인해보자. 가정법을 포함한 상황이라면 적절한 동사형은 "would"다. 가정법을 포함하지 않았다면 동사형은 "will"을 쓴다. 만약 한 문장 안에 "would"와 "were"가 모두 등장하면 가정법이 확실하다.

Q40. If economic conditions further deteriorate, public confidence (will/would) plummet.
경제 상황이 지금보다 더 나빠지면 대중의 신뢰가 곤두박질칠 것이다.

Q40-1. If economic conditions were to further deteriorate, public confidence (will/would) plummet.
경제 상황이 지금보다 더 나빠지면 대중의 신뢰가 곤두박질칠 텐데.

Q40-2. If my taxes are less than $10,000, I (will/would) pay that amount immediately.
세금이 1만 달러 미만이면 즉시 납부하겠다.

Q40-3. If oil (was/were) still abundant, there (will/would) be no energy crisis.
석유가 여전히 풍부하다면 에너지 위기는 오지 않을 텐데.

 **어휘 살펴보기**

어휘는 "단어 선택"과 관련된 부분이다. 아래 문제들 중에서 어휘를 적절히 사용한 문장을 골라보자.

Q41. 모든 보충시험이 어렵기는 해도, 정당한 사유로 예정된 시험을 치르지 못한 사람이라면 누구나 그 시험을 치를 자격이 있다.

(A) <u>Everyone</u> of the makeup exams is tough, but <u>anyone</u> who misses a scheduled test with good cause is entitled to write one.

(B) <u>Every one</u> of the makeup exams is tough, but <u>anyone</u> who misses a scheduled test with good cause is entitled to write one.

(C) <u>Every one</u> of the makeup exams is tough, but <u>any one</u> who misses a scheduled test with good cause is entitled to write one.

Q42. 선반 맨 위쪽에 있는 초록색 책은 수학 공부에 필요하다. 빨간색 책은 글쓰기 공부에 필요하다.

(A) The green book, <u>that</u> is on the top shelf, is the one you need for math. The book <u>which</u> is red is the one you need for writing.

(B) The green book, <u>which</u> is on the top shelf, is the one you need for math. The book <u>that</u> is red is the one you need for writing.

(C) The green book, <u>which</u> is on the top shelf, is the one you need for math. The book <u>which</u> is red is the one you need for writing.

Q43. 〈플랑드르 벌판에서〉라는 시를 마음에 새기자. 우리의 자유를 위해 싸웠던 이들을 기억하는 것은 우리를 더 불평 없이 편안하게 살게 만든다.

(A) <u>Let's</u> cherish the poem "In Flanders Fields." Remembering those who fought for our freedom <u>lets</u> us live easier.

(B) <u>Lets</u> cherish the poem "In Flanders Fields." Remembering those who fought for our freedom <u>let's</u> us live easier.

(C) <u>Let's</u> cherish the poem "In Flanders Fields." Remembering those who fought for our freedom <u>let's</u> us live easier.

Q44. 일단 이 무시무시한 과제를 교수 연구실에 제출하고 나면, 동료들에게 정보를 전달해야 한다는 압박감이 훨씬 줄어들 것이다.

(A) Once we turn these dreaded assignments <u>into</u> the professor's office, we'll feel a lot less obliged to pass any information <u>onto</u> our classmates.

(B) Once we turn these dreaded assignments <u>into</u> the professor's office, we'll feel a lot less obliged to pass any information <u>on to</u> our classmates.

(C) Once we turn these dreaded assignments <u>in to</u> the professor's office, we'll feel a lot less obliged to pass any information <u>on to</u> our classmates.

Q45. 맥코켄데일 가족은 원래 따뜻한 날씨를 즐기지 않았지만, 모로코로 이사한 후로는 섭씨 35도 정도의 여름 기온에 익숙해졌다.

(A) The McCorkendales didn't <u>used to</u> enjoy warm weather, but that was before they moved to Morocco and got <u>used to</u> summer temperatures as high as 35 degrees Celsius.

(B) The McCorkendales didn't <u>use to</u> enjoy warm weather, but that was before they moved to Morocco and got <u>use to</u>

summer temperatures as high as 35 degrees Celsius.

(C) The McCorkendales didn't <u>use to</u> enjoy warm weather, but that was before they moved to Morocco and got <u>used to</u> summer temperatures as high as 35 degrees Celsius.

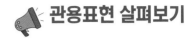

통상적으로 쓰이는 관용표현이라도, 문법이나 어휘처럼 옳고 그른 표현이 존재한다. 여기 널리 쓰이는 열다섯 가지 관용표현을 소개해놓았으니, 문제 안에서 각각 올바른 문장을 골라보자.

Q46. 파란색과 초록색 중에 골라야 한다.

(A) A choice must be made <u>between</u> blue <u>and</u> green.

(B) A choice must be made <u>between</u> blue <u>or</u> green.

Q47. 많은 의사들이 흡연이나 음주, 과식보다 스트레스가 장수에 악영향을 미친다고 생각한다.

(A) Many doctors <u>consider</u> stress a more destructive influence on one's longevity than smoking, drinking, or overeating.

(B) Many doctors <u>consider</u> stress <u>as</u> a more destructive influence on one's longevity than smoking, drinking, or overeating.

(C) Many doctors <u>consider</u> stress <u>to be</u> a more destructive influence on one's longevity than smoking, drinking, or overeating.

Q48. 처음에는 여성이 에이즈에 걸릴 위험은 낮다고 여겨졌다.

(A) At first women were <u>considered</u> at low risk for HIV.

(B) At first women were <u>considered as</u> at low risk for HIV.

(C) At first women were <u>considered to be</u> at low risk for HIV.

Q49. 많은 사람들이 구텐베르크가 인쇄기를 발명했다고 믿는다.

(A) Many <u>credit</u> Gutenberg <u>as having</u> invented the printing press.

(B) Many <u>credit</u> Gutenberg <u>with having</u> invented the printing press.

Q50. 영화 '양들의 침묵'은, 한니발 렉터 박사를 창살로 둘러싸인 감방 못지않게 자신의 마음속 감방에 갇혀 있는, 뛰어난 정신 과 의사이자 인육을 먹는 연쇄 살인범으로 묘사한다.

(A) In the movie Silence of the Lambs, Dr. Hannibal Lecter is <u>depicted as</u> a brilliant psychiatrist and cannibalistic serial killer who is confined as much by the steel bars of his cell as by the prison of his own mind.

(B) In the movie Silence of the Lambs, Dr. Hannibal Lecter is depicted to be a brilliant psychiatrist and cannibalistic serial killer who is confined as much by the steel bars of his cell as by the prison of his own mind.

Q51. 전문가만이 걸작과 모조품을 구별할 수 있다.

(A) Only experts can distinguish a masterpiece and a fake.

(B) Only experts can distinguish a masterpiece from a fake.

Q52. 뇌 이식 기술을 가진 의사들은 있지만, 그들이 그것을 할 수 있다는 확실한 증거는 없다.

(A) Although doctors have the technology to perform brain transplants, there is no clear evidence that they can do it.

(B) Although doctors have the technology to perform brain transplants, there is no clear evidence that they can do so.

Q53. 룩셈부르크는 프랑스에 비해 굉장히 작은 나라이다.

(A) In comparison to France, Luxembourg is an amazingly small country.

⒝ In comparison with France, Luxembourg is an amazingly small country.

Q54. 특이한 경기 스타일로 타이틀을 따낸 비외른 보리와 달리, 로저 페더러는 고전적인 테니스 스타일로 윔블던에서 우승했다.

⒜ Roger Federer won Wimbledon with a classic tennis style, in contrast to Bjorn Borg, who captured his titles using an unorthodox playing style.

⒝ Roger Federer won Wimbledon with a classic tennis style, in contrast with Bjorn Borg, who captured his titles using an unorthodox playing style.

Q55. 십년 전보다 오늘날 북아메리카의 단일 통화에 관한 이야기를 더 많이 한다.

⒜ There is more talk of a single North American currency today compared to ten years ago.

⒝ There is more talk of a single North American currency today compared with ten years ago.

⒞ There is more talk of a single North American currency today than ten years ago.

Q56. 나는 포커보다 블랙잭을 더 좋아한다.

(A) I <u>prefer</u> blackjack <u>over</u> poker.

(B) I <u>prefer</u> blackjack <u>to</u> poker.

Q57. 렘브란트는 르네상스 시대의 가장 뛰어난 화가라고 불린다.

(A) Rembrandt is <u>regarded as</u> the greatest painter of the Renaissance period.

(B) Rembrandt is <u>regarded to be</u> the greatest painter of the Renaissance period.

Q58. 그 강사는 동기 유발 이론을 성취 가능한 결과와 결부시키는 데 능하다.

(A) The speaker does a good job of <u>tying</u> motivational theory <u>to</u> obtainable results.

(B) The speaker does a good job of <u>tying</u> motivational theory <u>with</u> obtainable results.

주요
문법 용어

이 장에서는 유용한 문법 용어들과 명쾌한 예문들을 충분히 살펴볼 것이다. 주요 용어들을 편리하게 찾아볼 수 있을 뿐 아니라 누군가에게는 이 장이 더 깊이 있는 공부를 향한 출발선이 되어줄 것이다.

 **여덟 가지 품사**

  영어에는 명사와 대명사, 동사, 형용사, 부사, 전치사, 접속사, 감
탄사 이렇게 여덟 가지 품사가 있다.

명사

  명사란 사람이나 장소, 사물, 생각 등을 일컫는 품사다.

  <u>Sally</u> is a nice person and you can speak freely with her.

  샐리는 친절한 사람이고 너는 그녀와 자유롭게 이야기할 수 있다.

대명사

  대명사란 어떠한 명사를 대신 지칭할 때 사용하는 품사다.

  Sally is a nice person and <u>you</u> can speak freely with <u>her</u>.

  샐리는 친절한 사람이고 <u>너는</u> <u>그녀와</u> 자유롭게 이야기할 수 있다.

동사

동사란 동작이나 상태를 표현하는 품사다.

Sally <u>is</u> a nice person and you <u>can speak</u> freely with her.
샐리는 친절한 사람<u>이(다. 그리)</u>고 너는 그녀와 자유롭게 <u>이야기할 수 있다</u>.

형용사

형용사는 명사 혹은 대명사를 꾸미거나 설명하는 데 쓰이는 품사다. 아래 예문에서는 형용사 "nice"가 명사 "person"을 꾸민다.

Sally is a <u>nice</u> person and you can speak freely with her.
샐리는 <u>친절한</u> 사람이고 너는 그녀와 자유롭게 이야기할 수 있다.

부사

부사는 형용사나 동사, 다른 부사를 꾸미는 품사이다. 예문에서는 "Freely"가 동사 "speak"를 꾸민다.

Sally is a nice person and you can speak <u>freely</u> with her.
샐리는 친절한 사람이고 너는 그녀와 <u>자유롭게</u> 이야기할 수 있다.

전치사

전치사는 둘 이상의 단어가 있을 때, 그 단어들의 관계를 나타낸다.

Sally is a nice person and you can speak freely <u>with</u> her.
샐리는 친절한 사람이고 너는 그녀와 자유롭게 이야기할 수 있다.

전치사의 종류: after, against, at, before, between, by, concerning, despite, down, for, from, in, of, off, on, onto, out, over, through, to, under, until, up, with 등등.

접속사

접속사는 단어나 구, 절, 문장들을 서로 연결하거나 이어주는 품사이다. 주요 접속사에는 등위 접속사와 종속 접속사, 상관 접속사 이렇게 세 종류가 있다.

Sally is a nice person <u>and</u> you can speak freely with her.
샐리는 친절한 사람이(다. 그리)고 너는 그녀와 자유롭게 이야기할 수 있다.

감탄사

감탄사는 강렬하고 갑작스런 감정을 나타내는 품사나 용어다. 항상 그런 것은 아니지만 일반적으로 감탄사 뒤에는 느낌표를 붙인다.

Sally is a nice person and you can speak freely with her. <u>Wow</u>!

샐리는 친절한 사람이고 너는 그녀와 자유롭게 이야기할 수 있다. <u>와우</u>!

 여덟 가지 품사와 일곱 가지 특성

여덟 가지 품사들은 (1)성, (2)수, (3)인칭, (4)격, (5)태, (6)법, (7)시제 중에서 하나 이상의 특성을 지닌다. 특정 품사를 그것과 관련된 특성과 연결 짓는 일이 문법의 "기본"이다.

NOTE ✏️

형용사와 부사, 전치사, 접속사, 감탄사에는 성과 수, 인칭, 격, 태, 법, 시제라는 특성이 없다. 명사와 대명사, 동사만이 일곱 가지 중 하나 이상의 특성을 지닌다.

성

성은 여성일 수도 있고 남성일 수도 있다. 명사와 대명사에만 성이 있다.

(예)

남성	boy(명사)	him(대명사)
여성	girl(명사)	her(대명사)

수

수는 단수일 수도 있고 복수일 수도 있다. 명사와 대명사, 동사에만 수가 있다.

(예)

단수	home(명사)	I(대명사)	plays(동사)
복수	homes(명사)	we(대명사)	play(동사)

인칭

인칭은 1인칭일 수도 있고, 2인칭이나 3인칭일 수도 있다. 말을 하는 사람을 1인칭, 듣는 사람을 2인칭, 이야기의 대상이 되는 사람을 3인칭으로 본다. 대명사와 동사에만 인칭이 있다.

대명사 + 동사 조합의 예	
1인칭	I write
2인칭	you write
3인칭	he writes

동사를 인칭 대명사에 일치시킬 때, 주어가 3인칭 단수 대명사일 때만 동사의 형태가 달라진다. 그럴 때 단수 동사에 "s"를 붙이면 3인칭 단수 동사가 된다.

	동사형의 변화
주어가 1인칭 단수일 때	I travel
주어가 2인칭 단수일 때	You travel
주어가 3인칭 복수일 때	They travel
주어가 3인칭 단수일 때	He or she travels.

격

격은 주격이 될 수도 있고, 목적격이나 소유격이 될 수도 있다. 단, 명사와 대명사에만 격이 있다.

주격의 예	<u>Felix</u> has a cat. 명사	펠릭스는 고양이를 가지고 있다.
	<u>He</u> has a cat. 대명사	<u>그는</u> 고양이를 가지고 있다.
목적격의 예	The cat scratched <u>him</u>. 대명사	그 고양이가 <u>그를</u> 할퀴었다.

소유격의 예	Felix's cat has amber eyes. 명사	펠릭스의 고양이는 호박색 눈동자를 지녔다.
	His cat has amber eyes. 대명사	그의 고양이는 호박색 눈동자를 지녔다.

태

태는 능동태일 수도 있고, 수동태일 수도 있다. 동사에만 태가 있다.

(예)

능동태	You mailed a letter (네가 메일을 보냈다).
수동태	The letter was mailed by you (그 메일은 너에 의해서 보내졌다).

능동태에서는 동작을 하는 사람이 문장 앞쪽에 오고, 동작을 받는 사람이 문장 뒤쪽에 온다. 하지만 수동태에서는 동작을 받는 사람이 문장 앞쪽에 오는 반면 동작을 하는 사람은 문장 뒤쪽으로 밀려난다.

법

법에는 직설법과 명령법, 가정법이 있다. 동사에만 법이 있다.

	특징	예문
직설법	서술하거나 질문한다.	It's a nice day. (멋진 하루야.)
명령법	요청하거나 명령한다.	Please sit down. (앉아주세요.)
가정법	현실과 반대되는 상황이나 바람을 표현한다.	I wish I were in Hawaii (내가 지금 하와이에 있다면 좋겠다.)

시제

시제는 시간을 일컫는다. 영어에는 현재시제와 과거시제, 미래시제, 현재완료시제, 과거완료시제, 미래완료시제 이렇게 여섯 가지 시제가 있다. 이러한 시제에는 각각 단순형과 진행형의 두 가지 형태가 있다.

(예)

단순형 현재시제	I study (나는 공부한다).
진행형 현재시제	I am studying (나는 지금 공부하고 있다).

# 그 외의 문법 용어들

집합 명사

집합 명사는 집합을 나타내는 명사다.

집합 명사의 예: audience, band, bunch, class, committee, couple, crowd, family, group, herd, jury, majority, people, percent, personnel, team.

선행사

대명사가 가리키는 단어를 선행사라고 한다. 즉 선행사는 대명사가 실질적으로 대신하는 단어를 뜻한다. 아래 예문에서는 대명사 "it"이 선행사 "clock"을 대신하고 있다.

The clock is broken; it is now being repaired.

그 시계는 부서졌다. 그것은 현재 수리되고 있는 중이다.

인칭 대명사

인칭 대명사는 말하는 사람이나 듣는 사람, 이야기의 대상이 되는 사람을 지칭하는 대명사다.

인칭 대명사의 예: I, he, her, him, his, it, its, me, mine, my, our, ours, she, their, theirs, them, they, us, we, who, whom, whose, you, your, yours.

지시 대명사

지시 대명사는 사람이나 사물을 가리키는 역할을 한다.

네 가지 지시 대명사: this, that, these, those.

의문 대명사

의문 대명사는 의문문에 쓰인다.

의문 대명사의 예: who와 which, what, whom, whose.

관계대명사

관계대명사는 (선행사로 불리는) 명사나 대명사를 꾸민다. (종속 형용사절로도 불리는) 관계절은 관계대명사로 시작한다.

다섯 가지 관계대명사: that, which, who, whom, whose.

부정 대명사

부정 대명사란 특정한 선행사를 가리키지 않는 대명사를 뜻한다.
부정 대명사의 예: all, any, anybody, anyone, anything, both, each, either, every, everybody, everyone, everything, few, many, most, neither, nobody, none, no one, nothing, one, several, some, somebody, someone, something 등.

재귀대명사

재귀대명사는 앞에 나온 명사나 대명사를 다시 가리킬 때 쓴다.
재귀대명사의 예: herself, himself, itself, myself, ourselves, themselves, yourself.

보어

보어는 주어와 동사를 완전하게 만들어주는 역할을 한다. 그렇다고 해서 모든 문장에 보어가 들어가는 것은 아니다.

자동사

자동사는 의미를 완성하기 위해 목적어가 필요하지 않다. 예문에서 동사 "waits"는 목적어 없이도 그 자체로 완성된 문장이다.

He waits(그가 기다린다).

타동사

타동사는 의미를 완성하기 위해 목적어가 필요하다. 예문에서 동사 "posted"는 의미를 완성하기 위해 목적어 "parcel"이 필요하다.

She posted a parcel(그녀는 소포를 보냈다).

준동사

준동사는 명사나 형용사, 부사로 기능하는 동사 형태를 말한다. 준동사의 종류로는 동명사와 부정사, 분사가 있다. 특히 이들은 구를 이룰 수 있는데, 각각 동명사구와 부정사구, 분사구를 이룬다.

목적어

(동사의) 목적어는 동사가 행한 동작을 받는다. 특별한 종류의 보어라고도 할 수 있다. 목적어에는 직접 목적어와 간접 목적어가 있다.

직접 목적어

(동사의) 직접 목적어는 동작을 받는 대상을 가리키거나 동작의 결과를 보여준다. 아래 예문에서는 단어 "ball"이 동사 "caught"의 직접 목적어이다.

The outfielder caught the ball(그 외야수가 공을 잡았다).

간접 목적어

(동사의) 간접 목적어는 직접 목적어 앞에 오며, 보통 이루어진 동작이 누구를 향한 것인지 혹은 누구를 위한 것인지 설명해준다. 아래 예문에서 단어 "us"는 간접 목적어이며 직접 목적어인 "Bottle of wine" 앞에 온다.

The maître d' gave us a complimentary bottle of wine.

호텔 지배인은 우리에게 무료로 제공되는 와인 한 병을 주었다.

술부

술부는 "주어에 관해 설명하는 어구"를 뜻한다. 반면 주어는 "이야기의 대상이 되는 어구"다. 엄밀히 따지면 '술부'는 '동사'보다 범위가 더 넓기 때문에 동사와 보어 모두를 포함한다. 하지만 동사와 보어를 분리해서 받아들이는 게 훨씬 더 일반적이다. 이런 경우 동사는 단순 술부로, 술부 전체는 완전 술부로 볼 수 있다. 아래 문장에서 주어는 "water"이고, 술부는 "is the key to our survival"이다. 더 자세히 나누어보자면 동사 "is"와 보어 "the key to our survival"가 술부에 포함된다.

Water is the key to our survival.

물은 우리의 생존을 위한 열쇠다.

관사

관사는 특정 명사의 정체를 밝히는 역할을 한다. 영어에는 a와 an, the라는 세 가지 관사가 있다. the는 정관사, a와 an은 부정관사다. 관사를 여덟 가지 품사 중 하나로 오인해서는 안 된다.

등위 접속사

등위 접속사는 중요도가 동등한 절들을 서로 연결해주는 역할을 한다.

일곱 가지 등위 접속사: and, but, yet, or, nor, for, so.

상관 접속사

상관 접속사는 중요도가 동등한 절이나 구를 서로 연결해준다. 논리적인 느낌을 더하기도 한다.

상관 접속사의 예: either…or, neither…nor, not only…but (also), both…and.

종속 접속사

종속접속사는 부사절 앞에 오는 접속사를 뜻한다. 부사절을 문장의 나머지 부분과 연결하는 역할을 한다.

종속 접속사의 예: after, although, as, as if, as long as, as though, because, before, if, in order that, provided that, since, so that, than, though, unless, until, when, whenever, where, wherever, whether, while.

위 목록에 있는 단어들 중 다수는 다른 문장에 쓰일 때 접속사 이외의 품사로 기능할 수도 있다.

구

구는 주어와 동사가 둘 다 없는 단어들의 집합이다. 아래 예문에서 구 "for a variety of reasons"에는 동사가 없다.

Learning to be happy is difficult for a variety of reasons.
행복해지는 것을 배우는 것은 여러 가지 이유로 어렵다.

절

주어와 동사가 포함된 단어들의 집합을 절이라고 한다.

Many people believe in psychics even though they never hear of a psychic winning the lottery.
심령술 덕분에 복권에 당첨되었다는 식의 이야기를 들은 적은 없어도, 여전히 많은 사람들이 심령술의 힘을 믿고 있다.

앞의 예문은 절을 두 개 포함하고 있다. 첫 번째 절 "many people believe in psychics"는 독립절로써, 주어 "people"과 동사 "believe"가 들어 있다. 두 번째 절 "even though they never hear of a psychic winning the lottery"는 의존절로써, 역시 주어 "they"와 동사 "hear"가 들어 있다.

독립절

독립절은 완전한 문장으로써, 혼자 설 수 있는 절을 말한다. 때로는 주절이라고도 불린다.

I'm going to back up my computer because it might crash.
고장 날 수도 있으므로 컴퓨터를 백업할 거야.

위 예문에서 "I'm going to back up my computer"는 독립절이다. 반면 "because it might crash"는 종속절이다.

종속절

종속절은 혼자 설 수 없는 절을 뜻한다. 완전한 문장이 되려면 적어도 하나 이상의 독립절과 결합해야 한다. 의존절이라고도 부른다.

We should support the winning candidate whomever that

may be.

누가 되더라도 우리는 승리한 입후보자를 지지해야 한다.

Keep an umbrella with you because it's forecast for rain.

비 예보가 있었으니 우산을 챙겨라.

형용사절

형용사절은 종속절로써 형용사처럼 명사나 대명사를 꾸민다. 아래에서 형용사절 "that sits on top of the hill"은 "house"를 설명한다.

The house that sits on top of the hill is painted in gold.

언덕 꼭대기에 있는 그 집은 황금색이다.

관계절

관계절은 관계대명사로 시작하는 관련 단어들의 집합체로써, 전체가 형용사의 역할을 한다. 보통 형용사절(때로는 종속 형용사절)이라고 불린다.

Jim Thompson, who mysteriously disappeared while going for an afternoon walk on Easter Sunday, is credited with having revitalized the silk trade in Thailand.

부활절 주일 오후, 산책하는 도중 의문스럽게 사라진 짐 톰슨이 태국에서 실크 무역을 다시 활성화시켰다고 여겨지고 있다.

위의 예문에서 "Who mysteriously disappeared while going for an afternoon walk on Easter Sunday"는 "Jim Thompson"을 꾸미는 관계절이다.

비제한절

비제한절은 삭제해도 문장의 완결성이 흔들리지 않는다. 아래 예문에서는 "Which is on the top shelf"가 비제한절이다.

The green book, which is on the top shelf, is the one you need for math class.
맨 위쪽 선반에 있는 그 초록색 책은 수학 공부에 필요하다.

제한절

제한절은 문장의 의미를 완결하기 위해 필수적인 문장을 말한다. 따라서 제한절 앞뒤에는 쉼표를 찍지 않는다. 아래 예문에서는 "That is red"가 제한절이다.

The book that is red is the one you need for English class.

그 빨간색 책은 영어 공부에 필요하다.

동명사

동명사는 "ing"로 끝나는 동사 형태를 말하며, 문장 안에서 명사의 역할을 한다. 비공식적으로 "동사처럼 보이지만 명사로 기능하는 단어"라고 불린다. 아래 예문에서 "Eating"과 "learning", "seeing", "believing"은 모두 동명사다.

Eating vegetables is good for you.
채소를 먹는 것은 네게 좋다.

Learning languages is rewarding.
언어를 배우는 것은 보람 있는 일이다.

Seeig is believinng.

직접 봐야 믿을 수 있다.

부정사

동사 원형 앞에 "to"를 붙인 형태를 부정사라고 한다. 주로 명사로 기능하지만 형용사나 부사 역할을 할 수도 있다. 아래 예문에서는 "To see"와 "to believe" 둘 다 부정사다.

To see is to believe.

직접 봐야 믿을 수 있다.

분리 부정사

분리 부정사는, 부정사를 이루는 두 단어 (즉 "to+동사"의 형태) 사이에 다른 한 단어(보통 부사)가 끼어드는 경우를 말한다. 격식이 필요한 글쓰기라면 분리 부정사를 쓰지 않도록 주의해야 한다.

<u>To boldly go</u> where no one has gone before.

분리 부정사

→ <u>To go boldly</u> where no one has gone before.

(누구도 가본 적 없는 곳으로 담대하게 가기)

분사

분사는 형용사 역할을 하는 ("-ed"나 "-ing"로 끝나는) 동사형을 뜻한다. 준동사의 한 종류다.

아래 문장에서 "Parked"는 분사로써 "cars"를 설명하는 형용사 역할을 한다. 문장의 실제 동사는 "will be towed" 이다.

Cars parked near emergency exits will be towed.

비상구 옆에 주차되어 있는 차들은 견인될 것이다.

A sleeping dog never bit anyone.

잠든 개는 아무도 물지 않는다.

(분사 "sleeping"이 "dog"를 설명한다. 문장의 실제 동사는 "bit"이다.)

분사구

분사구는 분사를 포함하는 관련 단어들의 집합체로써 전체가 형용사의 역할을 한다. 아래 예문에서는 "Allowing plenty of time"이 "Bill"을 설명하는 분사구의 역할을 한다.

Allowing plenty of time, Bill started studying twelve weeks before taking his College Board exams.

빌은 기간을 넉넉히 잡아 대학 입학시험을 치르기 12주 전부터 공부를 시작했다.

삽입어구

삽입어구는 앞뒤에 쉼표를 찍어 나타내며 문장에 명확성을 더하기 위해 사용한다. 아래 예문에서는 "On the other hand"가 삽입어구로써 생략해도 문장의 의미는 달라지지 않는다.

Yogurt, on the other hand, is a fine substitute for ice-cream.
반면에, 요거트는 아이스크림을 대체하기에 좋다.

자주 쓰이는 삽입어구: after all, by the way, for example, however, incidentally, indeed, in fact, in my opinion, naturally, nevertheless, of course, on the contrary, on the other hand, to tell you the truth 등.

동격 어구

동격 어구는 서술에만 쓰이며 보통 앞뒤에 쉼표를 찍는다.

The world's oldest book, which was discovered in a tomb, is 2,500 years old.
무덤 안에서 발견된, 세상에서 가장 오래된 그 책은 이천 오백 년이나 된 물건이다.

문장

문장은 주어와 동사를 포함한 단어들의 집합체로써, 의미가 명확하며 그 자체로 완전하다.

The world is a stage(세계가 무대다)**.**

단편적인 문장

완전한 의미를 이루지 못한 문장을 뜻한다.

A fine day(좋은 날)**.**

만약 위 문장에 주어와 동사를 넣어 "<u>Today is</u> a fine day"로 바꾸면 비로소 의미가 명확해진다.

격식이 필요한 글에 이러한 단편적인 문장을 사용하면 안 된다. 반면 아래 예문에서처럼 이메일이나 문자메시지 등의 일상적인 글에는 종종 사용할 수 있다. 또한 광고나 소설, 시 등의 창의적인 글에도 종종 쓰인다.

We need to bring education to the world. <u>But how</u>?
우리는 교육의 장을 세계로 넓혀야 할 필요가 있다. <u>하지만 어떻게</u>?

무종지문

무종지문은 주로 부적절하게 쉼표로 연결된 두 문장을 뜻한다.

아래 예문에서처럼 완전한 두 문장을 쉼표로 연결할 수는 없다. 이 무종지문을 고쳐 쓰는 방법은 '6장 주요 구두법'에 더 자세히 나와 있다.

The weather is great, I'm going to the beach.(X)
날씨가 훌륭하니, 해변으로 가야겠다.

Chapter

3

주요 어휘

어휘는 "단어 선택" 부분과 밀접하게 연관되어 있다. 즉 글을 쓰는 사람이라면 비슷한 두 개의 단어나 표현 중에서 하나를 선택해야 하는 상황과 종종 맞닥뜨리게 된다. 게다가 잘못 선택한 어휘는 자동 맞춤법 프로그램이나 문법 검사 프로그램에서도 걸러지지 않는다. 오히려 누군가가 발견하기 전까지 글 속에 조용히 숨어 있곤 한다. 하지만 다행스럽게도 누구나 조금만 집중해서 공부하면 금방 어휘 실력을 올릴 수 있다.

관용표현을 외워두는 것도 좋다. 관용표현이란 오랜 시간을 거치면서 누구나 받아들여서 쓰게 된 표현을 의미한다. 그것은 그냥 "옳은 표현"이다. 심지어 그것을 사용하는 사람들조차 문법적인 옳고 그름을 정확히 알지 못한다.

이 장의 뒷부분에 자주 사용하는 관용표현 200개를 수록해 놓았다. 예습과 복습을 위한 반가운 참고자료가 될 것이다.

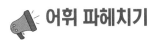

Affect, Effect

Affect는 "영향을 미치다"는 뜻의 동사다. Effect는 "결과"를 뜻하는 명사이자, "어떤 결과를 가져오다"는 뜻의 동사이기도 하다.

The change in company policy will not <u>affect</u> our pay.

회사 정책의 변화가 우리 급여에 영향을 미치지는 않을 것이다.

The long-term <u>effect</u> of space travel is not yet known.

아직 우주여행의 장기적인 결과는 알 수 없다.

A good mentor seeks to <u>effect</u> positive change.

좋은 멘토는 긍정적인 변화를 추구한다.

Afterward, Afterwards

이 두 단어는 서로 바꿔 쓸 수 있다. Afterward는 미국에서 널리 사용되는 반면 afterwards는 영국에서 주로 사용된다. 물론 하나의 글 안에서는 일관성 있게 사용해야 한다.

Allot, A lot

Allot는 "분배하다" 또는 "할당하다"는 뜻의 동사다. 반면 A lot는 "많다"는 뜻이다.

To become proficient at yoga one must <u>allot</u> twenty minutes a day to practice.

요가를 잘하려면 매일 20분씩 연습에 할애해야 한다.

Having <u>a lot</u> of free time is always a luxury.

넉넉한 자유 시간은 언제나 쉽게 누릴 수 없는 호사다.

All ready, Already

All ready는 "완전히 준비된"이라는 뜻이다. 반면에 Already는 "이미 혹은 전에"라는 뜻이지만 "이제 혹은 벌써"라는 뜻도 된다.

Contingency plans ensure we are <u>all ready</u> in case the unexpected

happens.

(완전히 준비된) 비상사태 대책은, 예상치 못한 상황에 우리가 완전히 준비되어 있다는 것을 보여준다.

We've <u>already</u> tried the newest brand.

우리는 (이미) 최신 브랜드를 사용해봤다.

Is it lunchtime <u>already</u>?

(벌써) 점심시간인가?

All together, Altogether

All together는 "함께"라는 뜻이다. 반면에 Altogether는 두 개의 뜻으로 쓰인다. "완전히", "전적으로"라는 뜻으로 쓰이기도 하고, "모두 합쳐"라는 뜻으로 쓰이기도 한다.

Those going camping must be <u>all together</u> before they can board the bus.

캠핑 가는 사람들이 모두 모여야 버스를 탈 수 있다.

The recommendation is <u>altogether</u> wrong.

추천이 완전히 잘못됐다.

There are six rooms <u>altogether</u>.

모두 합쳐서 방이 여섯 개다.

Among, Amongst

이 단어들은 서로 바꿔 쓸 수 있다. Among은 미국식 영어인 반면 amongst는 영국식 영어다. 하나의 글 안에서는 일관되게 사용해야 한다.

Anymore, Any more

이 단어들은 뜻이 전혀 다르므로 서로 바꿔 쓸 수 없다. Anymore는 "더 이상"이라는 뜻이다. 하지만 Any more는 추가적인 양을 일컫는 말이다.

I'm not going to dwell on this mishap <u>anymore</u>.

나는 더 이상 이 사고를 곱씹지 않을 것이다.

Are there <u>any more</u> tickets left?

남은 표가 더 있는가?

Anyone, Any one

이 단어들은 서로 바꿔 쓸 수 없다. Anyone은 "누구나"라는 뜻인 반면, any one은 "하나의 사람 또는 사물"을 뜻한다.

<u>Anyone</u> can take the exam.

누구나 시험을 치를 수 있다.

<u>Any one</u> of these green vegetables is good for you.

이 초록색 야채들은 당신에게 좋다.

Anytime, Any time

서로 바꿔 쓸 수 없다. Anytime은 "정해지지 않은 시간"을 가리키는 부사로 봐야 한다. 반면 Any time은 형용사와 명사의 조합으로, "일정량의 시간"을 뜻한다.

단 "at"이라는 전치사와 결합할 때는 상황이 달라진다. "at" 뒤에는 "anytime" 대신 항상 "any time"을 써야 하는데, 이때에는 "정해지지 않은 시간"을 뜻한다.

Call me <u>anytime</u> and we'll do lunch.

언제든 전화하면 같이 점심 먹자.

This weekend, I won't have <u>any time</u> to tweet(twitter).

이번 주말에는 트위터를 할 시간이 없다.

At <u>any time</u> of the day, you can hear traffic if you window is open.

하루 중 언제든 창문만 열려 있으면 자동차 소리가 들린다.

Anyway, Any way

이 단어들은 서로 바꿔 쓸 수 없다. Anyway는 "그럼에도 불구하고, 상황이 어떠하든", "어쨌든", "~일지라도"라는 뜻으로 쓰인다. 그러나 Any way는 "어떤 방법이나 수단"을 뜻한다.

Keep the printer. I wasn't using it <u>anyway</u>.

프린터를 가져가. 어쨌든 나는 쓰지 않아.

Is there <u>any way</u> of salvaging this umbrella?

이 우산을 고칠 방법이 있는가?

Apart, A part

이 단어들은 서로 바꿔 쓸 수 없다. Apart는 "따로"라는 뜻이다. 반면 A part는 "하나의 조각 혹은 요소"를 뜻한다.

Overhaul the machine by first taking it <u>apart</u>.

먼저 기계를 분해해서 점검하라.

Every childhood memory is <u>a part</u> of our collective memory.

어린 시절의 추억은 우리들 집단 기억의 일부분이다.

Awhile, A while

이 단어들은 서로 바꿔 쓸 수 없다. Awhile은 "잠깐 동안"이라는 뜻의 부사다. 반면 A while은 "일정 시간"을 뜻하는 명사구로 보통 앞에 "for"가 온다.

Let's wait awhile.

잠깐만 기다리자.

I'm going to be gone for a while.

나는 얼마간 떠나 있을 예정이다.

NOTE

"Let's wait for awhile"은 잘못된 문장이다.

As, Because, Since

이 단어들을 "때문에"라는 뜻의 접속사로 사용할 경우, 모두 서로 바꿔 쓸 수 있다.

As everyone knows how to swim, let's go snorkeling.

모두 수영할 줄 아니 스노클링 하러 가자.

Because all the youngsters had fishing rods, they went fishing.

모두 낚싯대가 있어서, 젊은이들은 전부 낚시를 하러 갔다.

Since we have firewood, we'll make a bonfire.

장작이 있으니 모닥불을 피울 것이다.

Assure, Ensure, Insure

Assure는 긍정적인 확언을 뜻한다. 반면 Insure는 손실에 대비해 재정적인 지불금을 준비하는 행위를 뜻하는 말이다.

Ensure와 insure는 "확실히 하다"는 의미로 쓰일 경우 서로 바꿔 써도 무리는 없지만 사실 그 뜻은 미묘하게 다르다. ensure는 사실 상 보증을 의미하는 반면 insure는 (예방이나 방지 목적으로) 조치를 취한다는 뜻이다.

Don't worry. I assure you I'll be there by 8 a.m.

걱정하지 마라. 장담컨대 너는 오전 8시 안에 그곳에 도착할 것이다.

When shipping valuable antiques, a sender must insure any piece for its market value in the event it's damaged or lost.

귀중한 골동품을 운송할 때는, 물건을 보내는 사람이 제품 손상이나 분실에 대비해 모든 물품에 대한 보험을 시가로 들어야 한다.

Hard work is the best way to ensure success regardless of the endeavor.

열심히 일하는 것은 노력이 필요하긴 하지만 성공을 보장받는 가장 좋은 방법이다.

Every large jewelry shop maintains an on-site safe to <u>insure</u> that inventory is secure during closing hours.

모든 대형 보석 가게는 폐점 시간 동안 재고에 위험이 발생하지 않도록 현장의 안전을 유지하고 있다.

Because of, Due to, Owing to

이 어구들은 서로 바꿔 쓸 수 있으며 "~때문에"라는 뜻이다.

The climate is warming <u>because of</u> fossil fuel emissions.

화석 연료 배기가스로 인해 기후가 따뜻해지고 있다.

Fossil fuel emissions are increasing <u>due to</u> industrialization.

산업화로 인해 화석 연료 배기가스가 증가하고 있다.

<u>Owing to</u> global warming, the weather is less predictable.

지구 온난화로 인해 날씨를 예측하기 어렵다.

Better, Best

Better는 두 가지를 비교할 때 쓴다. Best는 세 가지 이상을 비교할 때 쓴다.

Comparing Dan with Joe, Joe is the <u>better</u> cyclist.

댄과 조를 비교하면 조가 자전거를 더 잘 탄다.

Tina is the <u>best</u> student in the class.

티나는 반에서 가장 뛰어난 학생이다.

Between, Among

두 가지 사이를 이야기할 때는 between을 사용한다. 셋 이상에서는 among을 쓴다.

The jackpot was divided <u>between</u> two winners.

거액의 상금을 두 승자가 나누어가졌다.

Five plaintiffs were <u>among</u> the recipients of a cash settlement.

현금으로 합의한 사람들 중에 다섯 명은 고소인이었다.

Cannot, Can not

이 단어들은 서로 바꿔 쓸 수 있지만 미국식 영어와 영국식 영어 모두, 글을 쓸 때는 "cannot"을 더 많이 쓴다.

Choose, Choosing, Chose, Chosen

Choose는 동사의 현재 시제다. Choosing은 현재 분사다. Chose는 과거 시제고, Chosen은 과거 분사다.

My plan was to <u>choose</u> blue or green for my company logo.

내 계획은 회사 로고에 파란색이나 초록색을 쓰는 것이었다.

I ended up <u>choosing</u> teal, which is a blend of both colors.

결국 두 색상이 한데 섞인 청록색을 골랐다.

Actually, we first <u>chose</u> turquoise but, soon after, realized that the shade we had <u>chosen</u> was a bit too bright.

사실 처음에 우리는 옥색을 골랐지만 곧 우리가 선택한 색조가 너무 밝다는 사실을 깨달았다.

> **NOTE** 🖉
>
> "Chosing"이란 단어는 없다. 현재 분사 "choosing"을 잘못 쓸 때 생기는 실수다.

Complement, Compliment

Complement와 compliment 둘 다 명사와 동사로 쓸 수 있다.

동사일 때 complement는 "채우다" 혹은 "완성하다", "덧붙여 좋게 만들다"라는 뜻으로 쓰인다. 명사일 때는 "보완하는 것"이나 "개선하는 것"을 뜻한다. Compliment는 "칭찬의 표현(명사)"이나 "칭찬을 하다(동사)"는 뜻으로 쓴다.

A visit to the Greek islands is a perfect complement to any tour of bustling Athens. Visitors to the Greek island of Mykonos, for instance, are always struck by how the blue ocean complements the white, coastal buildings.

그리스 섬을 방문하는 것은, 북적거리는 아테네 여행을 보완하는 완벽한 방법이다. 예를 들어 그리스의 미코노스섬을 방문하는 사람들은 푸른 바다가 해변의 하얀 건물들을 얼마나 더 아름답게 만드는지를 보며 항상 감명을 받는다.

Throughout the awards ceremony, winners and runner-ups received compliments on a job well done. At closing, it was the attendees that complimented the organizers on a terrific event.

수상자와 후보자들은 시상식 내내 일을 잘해냈다는 칭찬을 받았다. 끝날 즈음에는, 참가자들이 이렇게 멋진 행사를 준비한 주최 측을 칭찬했다.

Complementary, Complimentary

두 단어 모두 형용사로 쓰인다. Complementary는 "완전하게 만드는" 혹은 "향상시키는", "개선하는"이라는 뜻이다.

Complimentary는 "칭찬하는" 또는 "무료로 받거나 제공하는"이라는 뜻이다.

Only one thing is certain in the world of haute couture: fashion parties brimming with <u>complimentary</u> Champagne and endless banter on how colorful characters and <u>complementary</u> personalities rose to the occasion.

오트 쿠튀르의 세계에서 확실한 단 한 가지는, 서로를 보완하는 다채로운 사람들이 늘어놓는 위기대처 능력에 관한 끝없는 수다와 무료 제공 샴페인으로 채워진 패션 파티뿐이다.

Differ from, Differ with

특징을 논할 때는 differ from을 사용한다. 반면 동의하지 않는다는 뜻을 전달할 때는 differ with를 쓴다.

American English <u>differs from</u> British English.

미국식 영어는 영국식 영어와 다르다.

The clerk <u>differs with</u> her manager on his decision to hire an additional salesperson.

그 직원은 판매원을 추가로 고용하겠다는 매니저의 결정에 동의하지 않는다.

Different from, Different than

이 두 어구는 서로 바꿔 쓸 수 있다. 하지만 different from은 두 가지 명사나 구를 비교하는 데 쓰이는 반면 different than은 보통 뒤에 절이 올 때 쓰인다.

Dolphins are <u>different from</u> porpoises.

돌고래는 쥐돌고래와는 다르다.

My old neighborhood is <u>different than</u> it used to be.

오래된 인근 지역의 모습이 예전과 다르다.

Do to, Due to

Do to는 동사 "do"와 그 뒤에 오는 전치사 "to"로 이루어진다. Due to는 "~때문에" 또는 "~로 말미암아"라는 뜻의 부사구다. 가끔 Duo to를 do to로 잘못 쓰는 경우도 있다.

What can we <u>do to</u> save the mountain gorilla?

산에 사는 고릴라들을 구하기 위해 무엇을 할 수 있을까?

Roads are slippery <u>due to</u> heavy rain.

비가 많이 와서 길이 미끄럽다.

Each other, One another

두 사람을 가리킬 때는 each other를 사용한다. 셋 이상을 가리킬 때는 one another를 사용한다.

Two weight lifters helped spot <u>each other</u>.

두 역도 선수는 서로를 쉽게 알아보았다.

Olympic athletes compete against <u>one another</u>.

올림픽 출전 선수들은 서로 경쟁한다.

Everyday, Every day

이 단어들은 서로 바꿔 쓸 수 없다. Everyday는 "일상의", "평범한" 혹은 "매일 발생하는"이라는 뜻의 형용사다. Every day는 "매일" 혹은 "날마다"를 뜻하는 부사다.

Although we're fond of talking about the <u>everyday</u> person,

it's difficult to know what this really means.

우리는 일상에서 만나는 사람에 대해 이야기하기를 좋아하지만 이것이 진짜 무엇을 의미하는지는 알기 어렵다.

Health practitioners say we should eat fresh fruit <u>every day</u>.

건강 전문가들은 신선한 과일을 매일 먹어야 한다고 말한다.

Everyplace, Every place

이 단어들은 서로 바꿔 쓸 수 없다. Everyplace는 "everywhere"와 마찬가지로 "곳곳에, 사방에"라는 뜻이다. Every place는 "각각의 공간" 혹은 "각각의 장소"를 지칭한다.

We looked <u>everyplace</u> for that DVD.

우리는 DVD를 찾기 위해 사방을 뒤졌다.

<u>Every place</u> was taken by the time she arrived.

그녀가 도착했을 때는 모든 곳이 차 있었다.

Everyone, Every one

이 단어들은 서로 바꿔 쓸 수 없다. Everyone은 "집단 내의 모든 사람"을 뜻하는 반면 every one은 "각 사람"을 뜻한다.

<u>Everyone</u> know who did it!

모두 누가 그것을 했는지 안다!

<u>Every one</u> of the runners who crossed the finish line was exhausted but jubilant.

결승선을 통과한 각각의 선수들은 지쳐 있었지만 기쁨에 넘쳤다.

Everything, Every thing

Everything은 "모든 것"을 의미한다. Every thing은 "각각의 것"을 뜻한다. Every thing보다 everything이 훨씬 더 많이 쓰인다.

<u>Everything</u> in this store is on sale.

이 가게의 모든 제품이 할인 중이다.

Just because we don't understand the role that each living organism plays, this doesn't mean that to <u>every thing</u> there isn't a purpose.

우리가 각각의 생물이 맡은 역할을 이해하지 못한다고 해서, 이것이 그 생물들에게 목적이 없다는 것을 의미하지는 않는다.

Every time, Everytime

Every time은 "언제든지"라는 뜻이다. 항상 이렇게 두 단어로 써야 한다. "everytime"은 잘못된 표현이다.

Every time we visit there's always lots of food and drink.
방문할 때마다 항상 많은 음식과 음료가 있다.

Farther, Further

거리를 일컬을 땐 farther를 사용한다. 그 외의 모든 상황에는 further를 쓰는데, 특히 범위나 정도를 일컬을 때 쓴다.

The town is one mile farther along the road.
그 도시는 길을 따라 1마일 떨어져 있다.

We must pursue this idea further.
우리는 이 아이디어를 더 밀고 나가야 한다.

Fewer, Less

Fewer는 people, marbles, accidents처럼 셀 수 있는 대상에 쓴다. Less는 money, water, sand처럼 셀 수 없는 대상에 쓴다.

There are _fewer_ students in class than before the midterm exam.

중간고사 이전보다 학급의 학생 수가 줄었다.

There is _less_ water in the bucket due to evaporation.

양동이의 물이 증발하여 양이 줄었다.

If, Whether

한 가지 가능성을 표현할 때, 특히 조건문에는 if를 쓴다. 두 가지 (혹은 그 이상의) 가능성을 표현할 때는 whether를 쓴다.

The company claims that you will be successful _if_ you listen to their tapes on motivation.

그 회사는 동기부여에 관한 자신들의 오디오 테이프를 들으면 성공할 거라고 주장한다.

Success depends on whether one has desire and determination.

성공은 욕구와 투지 여부에 달렸다.

("Whether or not"이 함축된 표현으로 두 가지 가능성을 일컫는다.)

Instead of, Rather than

이 어구들은 서로 바꿔 쓸 수 있다.

Lisa ordered Rocky Road ice cream <u>instead of</u> Mint Chocolate.

리사는 민트 초콜릿 대신 로키 로드 아이스크림을 주문했다.

The customer wanted a <u>refund rather</u> than an exchange.

손님은 교환보다 환불을 원했다.

Infer, Imply

Infer는 "결론을 도출하다"라는 뜻으로 내용을 읽거나 들은 사람의 입장에서 사용하는 단어다. Imply는 "암시하다" 혹은 "넌지시 말하다"라는 뜻으로 내용을 말하거나 쓰는 사람의 입장에서 사용하는 단어다.

I <u>infer</u> from your letter that conditions have improved.
당신의 편지로 볼 때 환경이 개선된 것 같다.

Do you mean to <u>imply</u> that conditions have improved?
환경이 개선되었음을 뜻하는가?

Into, In to

이 단어들은 서로 바꿔 쓸 수 없다. Into는 "~안에 있는 것"을 뜻한다. 반면 In to는 "한 곳에서 다른 곳으로 이동하고 있음"을 뜻한다.

The last I saw she was walking <u>into</u> the cafeteria.
마지막으로 보았을 때 그녀는 구내식당 안으로 걸어 들어가고 있었다.

He finally turned his assignment <u>in to</u> the teacher.
그는 마침내 교사에게 숙제를 제출했다.

(학생이 마법사가 아닌 이상 "He finally turned his assignment into the teacher"라고 쓸 수는 없다.)

Its, It's

Its는 소유 대명사이다. 반면 It's는 "it is" 또는 "it has"의 축약형이다.

The world has lost its glory.

영광의 시대는 끝났다.

It's time to start anew.

새롭게 시작할 시간이다.

Lead, Led

동사 lead는 "안내하다 혹은 지휘하다, 명령하다, 따르게 하다"라는 뜻이다. Lead가 동사의 현재 시제인 반면 led는 과거 시제(그리고 과거 분사)다.

More than any other player, the captain is expected to lead his team during the playoffs. Last season, however, it was our goalie, not the captain, who actually led our team to victory.

플레이오프 기간에는 누구보다도 주장이 팀을 이끌어야 한다. 하지만 지난 시즌에는 사실상 주장이 아닌 골키퍼가 팀을 우승으로 이끌었다.

"Led"를 써야 할 때 "lead"를 쓰는 실수는 자주 일어난다. 불규칙 동사 "read"의 현재 시제와 과거 시제의 철자가 같기 때문에 발생하는 실수다.

Lets, Let's

Lets는 "허락하다 혹은 허용하다"는 뜻의 동사이다. Let's는 "let us"의 축약형이다.

Technology <u>lets</u> us live more easily.
기술 덕분에 우리 삶이 더 편리해지다.

<u>Let's</u> not forget those who fight for our liberties.
우리의 자유를 위해 싸운 이들을 잊지 말자.

Lie, Lay

현재시제에서 lie는 "쉬다"라는 뜻이고 lay는 "놓다" 혹은 "두다"라는 뜻이다. Lie는 자동사(직접 목적어가 필요하지 않은 동사)인 반면 lay는 타동사(의미의 완성을 위해 직접 목적어가 필요한 동사)이다.

① Lie

현재: <u>Lie</u> on the sofa(소파에서 쉬어라).

과거: He <u>lay</u> down for an hour(그는 1시간 동안 누워 있었다).

완료분사: He <u>has lain</u> there for an hour(그는 그곳에 한 시간째 누워 있다).

현재분사: It was nearly noon and he was still <u>lying</u> on the sofa(정오가 다 되었지만 그는 여전히 소파에 누워 있었다).

② Lay

현재: <u>Lay</u> the magazine on the table(잡지를 탁자에 올려놓아라).

과거: She <u>laid</u> the magazine there yesterday(어제 그녀는 잡지를 그곳에 두었다).

완료분사: She <u>has laid</u> the magazine there many times(그녀는 여러 차례 잡지를 그곳에 두었다).

현재분사: <u>Laying</u> the magazine on the table, she stood up and left the room(그녀는 잡지를 탁자에 놓고 일어나 방을 떠났다).

NOTE ✎

"Layed"란 단어는 없다. 이 단어는 "laid"의 철자를 잘못 쓴 것이다. 예를 들어 "a magazine cover that is professionally laid out"은 맞지만 "a magazine cover that is professionally layed out"은 옳지 않다.

Like, Such as

Such as는 항목들을 연속해서 나열할 때 사용한다. 하지만 Like를 그렇게 쓸 수는 없다. 다만 한 가지 항목을 소개할 때는 like를 써도 좋다.

A beginning rugby player must master many different skills <u>such as</u> running and passing, blocking and tackling, drop kicking, and scrum control.

초보 럭비 선수는 달리기와 패스, 블로킹과 태클, 드롭킥과 스크럼 제어 같은 다양한 기술을 완벽하게 익혀야 한다.

Dark fruits, <u>like</u> beets, have an especially good cleansing quality.

비트 같은 어두운 색 과일들은 특히 정화 기능이 뛰어나다.

Loose, Lose, Loss

Loose는 "단단히 부착되지 않은" 혹은 "꽉 당기지 않은"을 뜻하는 형용사이다.

Lose는 "차질 또는 박탈로 고통 받다"는 뜻의 동사이다.

Loss는 "상실"이라는 뜻의 명사이다.

A <u>loose</u> screw will fall out if not tightened.

느슨한 나사는 조이지 않으면 빠져버린다.

There is some truth to the idea that if you're going to <u>lose</u>, you might as well <u>lose</u> big.

잃을 거라면 크게 잃는 편이 낫다는 말은 어느 정도 일리가 있다.

<u>Loss</u> of habitat is a greater threat to wildlife conservation than is poaching.

야생 동물 보호에 있어서 서식지가 사라지는 것은 밀렵보다 더 큰 위협이다.

Maybe, May be

이 단어들은 서로 바꿔 쓸 수 없다. Maybe는 "아마도"라는 뜻의 부사이다. May be는 동사구이다.

<u>Maybe</u> it's time to try again.

아마도 다시 도전해볼 때인 것 같다.

It <u>may be</u> necessary to resort to extreme measures.

극단적인 조치를 취해야 할 수도 있다.

Might, May

Might와 may는 둘 다 불확실한 정도를 표현하지만 의미는 약간 다르다. Might가 may보다 더 큰 불확실성을 나타낸다. 또한 과거 상황을 언급할 때는 might만 쓸 수 있다.

I might like to visit the Taj Mahal someday. (매우 불확실함)
언젠가는 타지마할에 가보고 싶어질지도 모른다.

I may go sightseeing this weekend. (덜 불확실함)
이번 주말에 관광을 갈 수도 있다.

They might have left a message for us at the hotel. (과거 상황)
그들이 우리를 위한 메시지를 호텔에 남겼을지도 모른다.

No one, Noone

No one은 "아무도"라는 뜻이다. 반드시 두 단어로 분리해서 써야 한다. 'Noone'은 올바른 표현이 아니다.

No one can predict the future.
아무도 미래를 예측할 수 없다.

Number, Amount

셀 수 있는 것을 가리킬 때는 number를 쓴다. 셀 수 없는 것을 가리킬 때는 amount를 쓴다.

The <u>number</u> of marbles in the bag is seven.

가방에 구슬이 일곱 개 들어 있다.

The <u>amount</u> of topsoil has eroded considerably.

표토의 양이 상당히 줄었다.

Onto, On to

Onto는 "다른 것 위에 놓인 것"을 나타낸다. On to는 부사 "on"과 전치사 "to"로 이루어진 어휘다.

Ferry passengers could be seen holding <u>onto</u> the safety rail.

페리 탑승자들이 안전 손잡이를 붙잡고 있는 모습이 보였다.

We passed the information <u>on to</u> our friends.

우리는 그 정보를 친구들에게 전했다.

Passed, Past

Passed는 동사 역할을 한다. Past는 명사나 형용사, 전치사로 기능한다.

Yesterday, Cindy found out that she <u>passed</u> her much-feared anatomy exam.

어제 신디는 매우 두려워하던 해부학 시험을 통과했다는 사실을 알았다.

The proactive mind does not dwell on events of the <u>past</u>.

앞선 의식을 지닌 사람은 과거의 사건에 얽매이지 않는다.

Principal, Principle

Principal은 교장 혹은 대출 원금을 일컫기도 하지만 보통은 "주된" 혹은 "주요한", "가장 중요한"을 뜻하는 형용사로 쓰인다. 반면 Principle은 일반적인 과학 법칙을 일컫거나 인간의 근본적인 신념 체계를 설명하는 데 쓰인다.

Lack of clearly defined goals is the <u>principal</u> cause of failure.

명확한 목표가 없는 것이 실패의 주된 원인이다.

To be a physicist one must clearly understand the <u>principles</u>

of mathematics.

물리학자가 되려면 수학 법칙들을 명확히 이해해야 한다.

A person of <u>principle</u> lives by a moral code.

신념이 있는 사람은 도덕률에 따라 살아간다.

Sometime, Some time

이 단어들은 서로 바꿔 쓸 수 없다. Sometime은 "구체적이지 않은, 비교적 긴 시간"을 일컫는다. 반면 Some time은 "구체적인, 비교적 짧은 시간"을 일컫는다.

Let's have lunch <u>sometime</u>.

언제 한번 함께 점심 먹자.

We went fishing early in the morning, but it was <u>some time</u> before we landed our first trout.

우리는 아침 일찍 낚시를 하러 갔지만 첫 번째 송어를 낚아 올리기까지는 약간 시간이 걸렸다.

Than, Then

Than은 비교급을 만들 때 쓰는 접속사이다. 반면 Then은 시간을 나타내는 부사이다.

There is controversy over whether the Petronas Towers in Malaysia is taller than the Sears Tower in Chicago.

말레이시아의 페트로나스 타워가 시카고의 시어스 타워보다 더 높은지에 대해서는 논란이 있다.

Finish your work first, then give me a call.

먼저 일을 끝내고 내게 전화해라.

That, Which

Which와 that은 근본적으로 뜻이 같다. 하지만 문맥 안에서 서로 다르게 쓰인다. Which는 비제한적인 (필수적이지 않은) 구나 절과 함께 쓰고 that은 제한적인 (필수적인) 구나 절과 함께 쓰는 것이 일반적이다. 비제한적인 구는 보통 앞뒤에 쉼표를 찍는 반면 제한적인 구에는 쉼표를 찍지 않는다. 즉, 쉼표로 둘러싸인 구 안에서는 which를 볼 수 있지만 that은 볼 수 없다.

The insect that has the shortest lifespan is the Mayfly.

수명이 가장 짧은 곤충은 하루살이다.

The Mayfly, <u>which</u> lives less than 24 hours, has the shortest lifespan of any insect.

24시간 이상 살지 못하는 하루살이가 곤충 중에 수명이 가장 짧다.

That, Which, Who

보통 who는 사람을 가리킬 때 쓰고, which는 사물을 가리킬 때 쓰며, that은 사람과 사물을 가리킬 때 모두 쓸 수 있다. 사람을 가리킬 때는 어느 쪽이 더 자연스럽게 느껴지는지 살펴서 that을 쓸지 who를 쓸지 결정해야 한다.

Choose a person <u>that</u> can take charge.

책임 질 수 있는 사람을 골라라.

The person <u>who</u> is most likely to succeed is often not an obvious choice.

성공할 가능성이 가장 높은 사람을 명확하게 짚을 수 없는 경우가 많다.

NOTE 🖊

가끔은 who가 사람이 아닌 대상을 가리키기도 하고 which가 사람을 가리키기도 한다.

예: I have a dog who is animated and has a great personality.

(나는 활발하고 성격이 좋은 개 한 마리를 갖고 있다.)

예: Which child won the award?

(어떤 어린이가 상을 탔는가?)

There, Their, They're

There는 부사다. Their는 소유대명사이다. They're는 "they are"의 축약형이다.

There is a rugby game tonight.

오늘밤 럭비 경기가 있다.

Their new TV has incredibly clear definition.

그들의 새 텔레비전은 놀랄 만큼 선명도가 높다.

They're a strange but happy couple.

그들은 특이하지만 행복한 한 쌍이다.

Toward, Towards

이 단어들은 서로 바꿔 쓸 수 있다. Toward가 미국식 영어인 반면 towards는 영국식 영어다. 하나의 글 안에서는 일관성 있게 사용해야 한다.

Used to, Use to

이 단어들은 서로 바꿔 쓸 수 없다. Used to는 습관적인 동작을 일컫는 올바른 표현이지만 "did"가 앞에 올 때는 use to로 써야 한다.

I <u>used to</u> go to the movies all the time.
나는 언제나 영화를 보러 가곤 했다.

I didn't <u>use to</u> daydream
나는 그다지 공상을 하지 않았다.

Who, Whom

"Who"는 대명사의 주격 형태이고 "whom"은 목적격 형태다. Who와 whom 중에서 어떤 것을 선택해야 할지 헷갈릴 때는 다음과 같은 방법을 사용해보자.

문맥상 "he나 she, they"를 대신해서 쓰는 것이라면 who를 선택해야 하고, 문맥상 "him이나 her, them"을 대신해서 쓸 수 있다면

whom이 맞는 형태이다.

유용한 또 하나의 규칙은, 전치사의 직접 목적어일 때는 목적격 형태를 취해야 한다는 것이다.

Let's reward the person <u>who</u> can find the best solution.

가장 좋은 해결책을 찾을 수 있는 사람에게 보상하자.

("He"나 "she"를 썼을 때 가장 잘 어울리므로 대명사의 주격 형태인 "who"를 쓰는 게 옳다.)

The report was compiled by <u>whom</u>?

보고서는 누가 작성했는가?

(이 보고서는 "him"이나 "her"에 의해 작성되었으므로 대명사의 목적격 형태인 "whom"을 쓰는 게 옳다. 또 다른 방법으로 확인하자면, "whom"이 전치사 "by"의 직접 목적어로 기능하므로 대명사의 목적격 형태가 옳다.)

NOTE ✏️

아래처럼 매우 까다로운 경우도 있다.

예: She asked to speak to <u>whoever</u> was on duty.

(그녀는 책임을 지고 있는 사람과 말하게 해달라고 요청했다.)

언뜻 볼 때는 "who"가 전치사 "to"의 목적어로 보이므로 "whomever"가 옳은 것처럼 느껴진다. 하지만 전치사 "to"의 직접 목적어는 절 전체인 "whoever was on duty"이다. 핵심은 해당 절 안에서 "whoever"가 맡은 기능을 분석해보는 것이다. 이 경우 "whoever"는 동사 "was"의 주어로 기능하고 있으므로 주격 형태를 취한다. "He or she was on duty"로 바꿔 써서 확인해볼 수 있다.

두 가지 상황을 더 분석해보자.

예: I will interview <u>whomever</u> I can find for the job.

　(나는 그 일을 위해 내가 찾을 수 있는 사람들을 인터뷰할 것이다.)

절인 "whomever I can find" 내에서 "whomever"가 맡은 역할을 분석하고 "I can find him or her"로 바꿔 확인해보는 것이 중요하다. 이를 통해 목적격 형태가 옳음을 확인할 수 있다. 이 예문에서는 "whomever I can find"의 절 전체가 동사형 "will interview"의 목적어이다.

예: I will give the position to <u>whoever</u> I think is right for the job.

　(그 일에 적합하다고 생각하는 사람에게 그 자리를 내어줄 것이다.)

이번에도 절 "whoever I think is right for the job" 내에서 "whoever"가 맡은 역할을 분석하는 과정이 중요하다. "I think he or she is right for the job"이라고 바꿔 표현할 수 있으므로 대명사의 주격 형태가 옳음을 확인할 수 있다.

이 예문에서는 "whoever I think is right for the job" 전체가 전치사 "to"의 목적어이다. 앞서 나온 예문 "She asked to speak to <u>whoever</u> was on duty"와 동일한 경우이다.

Whose, Who's

Whose는 소유대명사이다. Who's는 "who is"의 축약형이다.

<u>Whose</u> set of keys did I find?

내가 찾은 것은 누구의 열쇠들인가?

He is the player <u>who's</u> most likely to make the NBA.

그는 미국 프로 농구에서 뛸 가능성이 가장 높은 선수이다.

Your, You're

Your는 소유대명사이다. You're는 "you are"의 축약형이다.

This is <u>your</u> book.

이것은 네 책이다.

You're becoming the person you want to be.

너는 네가 원하는 사람이 되어가고 있다.

🔊 널리 쓰이는 관용표현 200

ABC

1. able to X (~할 수 있는)

2. account for (설명하다)

3. according to (~에 따르면)

4. a craving for (~에 대한 갈망)

5. a debate over (~에 대한 토론)

6. a descendant of (~의 후손)

7. affiliated with (~와 제휴한)

8. agree to+계획이나 동작 (~에 대해 합의하다)

9. agree with (~에 동의하다)

10. allow(s) for (~을 고려하다)

11. amount to (~에 이르다)

12. a native of (~출신 사람)

13. angry at / angry with (~에 화가 나다)

14. appeal to (~에 호소하다)

15. apply to / apply for (~에 적용하다 / ~에 지원하다)

16. approve(d) of / disapprove(d) of (~을 승인하다 / 반대하다)

17. a responsibility to (~에 대한 책임)

18. argue with/over (반박하다 / 논쟁하다)

19. a sequence of (일련의, 연속적인)

20. as a consequence of X (X의 결과로써)

21. as…as (~만큼 ~한)

22. as…as do / as…as does (~한 만큼 ~한)

23. as a result of (~의 결과로써)

24. as good as (~와 다름없는)

25. as good as or better than (나으면 나았지 못하지 않은)

26. as great as (~만큼 훌륭한)

27. as many X as Y (Y만큼 X가 많은)

28. as much as (~만큼)

29. as X is to Y (X가 Y에게 그런 것처럼)

30. ask X to do Y (X에게 Y를 요청하다)

31. associate with (~와 어울리다)

32. attempt to (~하려고 시도하다)

33. attend to (~을 처리하다/돌보다)

34. attest to (증명하다)

35. attribute X to Y (X를 Y 탓/덕으로 돌리다)

36. assure that (보장하다)

37. averse to (~을 싫어하여)

38. based on (~에 근거하여)

39. be afraid of (~을 두려워하다)

40. because of (~때문에)

41. believe X to be Y (X가 Y라고 믿다)

42. better served by X than by Y (Y보다 X가 더 잘 충족한다)

43. better than (~보다 나은)

44. between X and Y (X와 Y사이)

45. both X and Y (X와 Y 둘 다)

46. capable of (~할 수 있는)

47. centers on (~에 초점을 맞추다)

48. choice of (~의 선택)

49. choose from / choose to (~에서/~을 택하다)

50. claim to be (~라고 주장하다)

51. collaborate with (~와 협동하다)

52. compare to / compare with (~와 비교하다)

53. comply with (따르다, 준수하다)

54. composed of (~로 구성된)

55. concerned about / with (~을 염려하는 / ~와 관련 있는)

56. conform to (~을 따르다)

57. conclude that (~라고 결론짓다)

58. connection between X and Y (X와 Y의 관계/연관성)

59. consider(ed) ("to be"없이) (~을 고려하다)

60. consider(ed) ("to be"와 함께) (~로 여기다)

61. consistent with (~와 일치하는)

62. contend that (~라고 주장하다)

63. contrast X with Y (X를 Y와 대조하다)

64. convert to (~로 개종/전향하다)

65. cost of / cost to (비용)

66. credit(ed) X with having (X가 ~했다고 믿다)

DEF

67. debate over (~에 대해 토론하다)

68. decide on / decide to (~을 결정하다)

69. declare X to be Y (X를 Y로 선언하다)

70. defend against (~로부터 지키다)

71. define(d) as (~로 정의하다)

72. delighted by (~을 기뻐하다)

73. demand that (~을 요구하다)

74. demonstrate that (~을 증명하다)

75. depend(ent) on (~에 의존하다)

76. depends on whether (~에 달려 있다)

77. depict(ed) as (~로 묘사하다)

78. descend(ed) from (~로부터 내려오다)

79. desirous of (~을 원하는)

80. determined by (~로 결정된)

81. differ from / differ with (~와 다르다 / 동의하지 않다)

82. different from (~와 다른)

83. difficult to (~하기 어려운)

84. disagree with+사람 또는 생각 (~에 동의하지 않다)

85. discourage from (~을 단념하게 하다)

86. differentiate between X and Y (X와 Y를 식별하다)

87. differentiate X from Y (X를 Y와 구별하다)

88. dispute whether (~에 대해 논의하다)

89. distinguish X from Y (X와 Y를 구별하다)

90. divergent from (~와 다른)

91. do so / doing so (그렇게 하다)

92. doubt that (~을 의심하다)

93. draw on (~에 의지하다)

94. either X or Y (X 또는 Y 중 하나)

95. enable X to Y (X가 Y할 수 있게 하다)

96. enamored of / with (~에 현혹된)

97. enough X that Y (Y하기에 X가 충분한)

98. estimated to be (~로 추정되다)

99. expect to (~할 셈이다)

100. expose(d) to (~에 드러내다)

101. fascinated by (~에 매료된)

102. fluctuations in (~의 변동)

103. forbid X and Y (X와 Y를 금하다)

104. frequency of (빈도)

105. from X rather than from Y (Y보다는 X로부터)

106. from X to Y (X에서 Y로)

GHI

107. give credit for / give credit to (공로를 인정하다 / ~을 믿다)

108. hypothesize that (가정하다)

109. in an effort to (~하려는 노력으로)

110. in association with (~와 공동으로)

111. indifferent toward(s) (~에게 무관심한)

112. infected with (감염된)

113. inherit X from Y (Y로부터 X를 물려받다)

114. in order to (~하기 위하여)

115. in reference to / with reference to (~에 관하여)

116. in regard to / with regard to (~와 관련하여)

117. in search of (~을 찾아서)

118. insists that (주장하다)

119. intend(ed) to (~할 작정이다)

120. intersection of X and Y (X와 Y의 교차점)

121. in the same way as···to (~가 ~하는 것과 같은 방식으로)

122. in the same way that (~와 같은 방식으로)

123. introduce(d) to (소개하다)

124. in violation of (~을 위반하여)

125. isolate(d) from (~에서 고립시키다)

JKL

126. just as X, so (too) Y (X인 것처럼 Y하다)

127. less X than Y (X라기보다는 Y이다)

128. likely to / likely to be (~일 것 같은)

129. liken to (~에 비유하다)

MNO

130. meet with (겪다, 만나다)

131. mistake (mistook) X for Y (X를 Y로 오해하다)

132. model(ed) after (~을 본떠 만들다)

133. more common among X than among Y (Y보다 X 사이에서 더 흔하다)

134. more…than ever (여느 때보다 더)

135. more X than Y (Y라기보다는 X인)

136. native to (~의 고유한)

137. neither X nor Y (X도 Y도 아닌)

138. no less…than (~에 못지않게 ~한)

139. no less was X than was Y (Y인 것 못지않게 X인)

140. not X but rather Y (X가 아니라 Y인)

141. not only X but (also) Y (X일 뿐 아니라 Y인)

142. not so much X as Y (X라기보다는 Y인)

143. on account of (~때문에)

144. on the one hand / on the other hand (한편으로는 / 다른 한편으로는)

PQR

145. opposed to / opposition to (~에 반대하는/ ~에 대한 반대)

146. opposite of (~의 정반대)

147. inclined to (~하는 성향이 있는)

148. in comparison to (~와 비교할 때)

149. in conjunction with (~와 함께)

150. in contrast to (~와 대조적으로)

151. in danger of (~할 위험이 있는)

152. independent from (~에서 독립한)

153. owing to (~때문에)

154. persuade X to Y (X가 Y하도록 설득하다)

155. partake (partook) of (~을 함께 하다)

156. permit X to Y (X가 Y하는 것을 허가하다)

157. potential to (~할 가능성이 있는)

158. prefer X to Y (Y보다 X를 선호하다)

159. preferable to (~보다 더 좋은)

160. prejudiced against (~에 대해 편견이 있는)

161. prevent from (~을 막다)

162. prized by (~에게 소중한)

163. prohibit X from Y (X가 Y하는 것을 금하다)

164. protect against (~로부터 지키다)

165. question whether (~을 의심하다)

166. range(s) from X to Y (범위가 X에서 Y에 이르다)

167. rates for (~의 요금/이율)

168. recover from X (~에서 회복하다)

169. recover X from Y (Y로부터 X를 되찾다)

170. regard(ed) as (~로 여기다)

171. replace(d) with (~로 대체하다)

172. responsible for (~에 책임이 있는)

173. resulting in (~의 결과를 낳은)

STU

174. sacrifice X for Y (Y를 위해 X를 희생하다)

175. seem to indicate (~을 가리키는 것 같다)

176. similar to (~와 비슷한)

177. so as not to be hindered by (~의 방해를 받지 않도록)

178. so X as to be Y (매우 X하여 Y한)

179. so X as to constitute Y (매우 X하여 Y한)

180. so X that Y (매우 X하여 Y한)

181. subscribe to (동의/신청하다)

182. such X as Y and Z (Y와 Z처럼 X한)

183. sympathy for (~에 대한 동정)

184. sympathize with (~에 공감하다)

185. tamper with (~에 손대다)

186. targeted at (~을 겨냥한)

187. the more X the greater Y (X할수록 더 Y하다)

188. the same to X as to Y (X도 Y와 마찬가지다)

189. to result in (~의 결과를 낳다)

190. to think of X as Y (X를 Y라고 생각하다)

191. tying X to Y (X를 Y와 묶어)

192. used to ("use to" 아님) (~하곤 했다)

VWXYZ

193. view X as Y (X를 Y로 여기다)

194. whether X or Y (X인지 Y인지)

195. worry about (~에 대해 걱정하다)

196. X enough to Y (Y할 만큼 X한)

197. X instead of Y (Y 대신 X)

198. X is attributed to Y (X는 Y 덕분이다)

199. X out of Y(숫자) (Y 중에서 X)

200. X regarded as Y (Y로 여겨지는 X)

Chapter

4

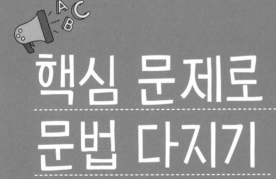

핵심 문제로
문법 다지기

1장에 소개한 "6대 문법"을 바탕으로 한 핵심 문제 30을 수록했다. 각 문제는 문법을 바탕으로 하지만 어휘나 관용표현에 관한 내용도 부수적으로 섞여 있다. 각 문항을 읽고 가장 좋은 문장이 되려면 밑줄 친 부분을 어떻게 바꾸어야 할지 혹은 그대로 두어야 할지 생각해보자. 선택지 중 원래의 문장이 가장 좋다고 생각하면 그 문장을 그대로 써놓은 A를 고르고, 그렇지 않다면 살짝 변화를 준 B부터 E까지 중에서 고른다.

정답과 해설을 281쪽에 싣고 상(★★★), 중(★★), 하(★)로 각 문제의 난이도도 표시해놓았다. 더불어 왜 이 문제를 출제했는지에 대한 짤막한 설명도 덧붙여놓았으니 참고하길 바란다.

주어-동사의 일치

1. Vacation(★)

<u>Neither Martha or her sisters are going on vacation.</u>

A) Neither Martha or her sisters are going on vacation.

B) Neither Martha or her sisters is going on vacation.

C) Neither any of her sisters nor Martha are going on vacation.

D) Neither Martha nor her sisters are going on vacation.

E) Neither Martha nor her sisters is going on vacation.

2. Leader(★)

The activities of our current leader <u>have led to a significant increase in the number of issues relating to the role of the military in non-military, nation-building exercises</u>.

A) have led to a significant increase in the number of issues relating to the role of the military in non-military, nation-building exercises.

B) have been significant in the increase in the amount of issues relating to the role of the military in non-military, nation-building exercises.

C) has led to a significant increase in the number of issues relating to the role of the military in non-military, nation-building exercises.

D) has been significant in the increase in the number of issues relating to the role of the military in non-military, nation-building exercises.

E) has significantly increased the amount of issues relating to the role of the military in non-military, nation-building exercises.

3. Marsupial(★★)

According to scientists at the University of California, the pattern of changes that have occurred in placental DNA over the millennia <u>indicate the possibility that every marsupial alive today might be descended from a single female ancestor that</u> lived in Africa sometime between 125 and 150 million years ago.

A) indicate the possibility that every marsupial alive today might be descended from a single female ancestor that

B) indicate that every marsupial alive today might possibly be a descendant of a single female ancestor that had

C) may indicate that every marsupial alive today has descended from a single female ancestor that had

D) indicates that every marsupial alive today might be a descendant of a single female ancestor that

E) indicates that every marsupial alive today may be a descendant from a single female ancestor that

4. Critics' Choice(★★)

<u>In this critically acclaimed film, there are a well-developed plot and an excellent cast of characters.</u>

A) In this critically acclaimed film, there are a well-developed plot and an excellent cast of characters.

B) In this critically acclaimed film, there is a well-developed plot and an excellent cast of characters.

C) In this film, which is critically acclaimed, there is a well-developed plot and an excellent cast of characters.

D) In this film, which has been critically acclaimed, there are a well-developed plot and an excellent cast of characters.

E) There is a well-developed plot and an excellent cast of characters in this critically acclaimed film.

5. Recommendations(★★)

<u>Implementing the consultants' recommendations is expected to result in</u> both increased productivity and decreased costs.

A) Implementing the consultants' recommendations is expected to result in

B) Implementing the consultants' recommendations are expected to result in

C) The expected result of enacting the consultants' recommendations are

D) The expected results of enacting the consultants' recommendations is

E) It is expected that enactment of the consultants' recommendations are to result in

6. Valuation(★★★)

Financial formulas for valuing companies do not apply to Internet companies in the same way as they do to traditional businesses, because they are growing and seldom have ascertainable sales and cash flows.

A) Financial formulas for valuing companies do not apply to Internet companies in the same way as they do to traditional businesses, because they are growing and seldom have ascertainable sales and cash flows.

B) Internet companies are not subject to the same applicability of financial formulas for valuing these companies as compared with traditional businesses, because they are growing and seldom have ascertainable sales and cash flows.

C) Because they are growing and seldom have ascertainable sales and cash flows, financial formulas for valuing companies do not apply to Internet companies in the same way as they do to traditional businesses.

D) Because they are growing and seldom have ascertainable sales and cash flows, Internet companies are not subject to the same applicability of financial valuation formulas as are traditional businesses.

E) Because Internet companies are growing and seldom have ascertainable sales and cash flows, financial formulas for valuing these companies do not apply to them in the same way as to traditional businesses.

7. Inland Taipan(★★)

The Inland Taipan or Fierce Snake of central Australia is widely <u>regarded to be the world's most venomous snake; the poison from its bite can kill human victims unless treated</u> within thirty minutes of an incident.

A) regarded to be the world's most venomous snake; the poison from its bite can kill human victims unless treated

B) regarded as the world's most venomous snake; the poison from its bite can kill human victims unless treated

C) regarded to be the world's most venomous snake; the poison from its bite can kill human victims unless it is treated

D) regarded as the world's most venomous snake; the poison from its bite can kill human victims unless they are treated

E) regarded to be the world's most venomous snake; the poison from its bite can kill human victims unless they are treated

8. Medicare(★)

Although Medicare legislation is being considered by the House of Representatives, they do not expect it to pass without being significantly revised.

A) Although Medicare legislation is being considered by the House of Representatives, they do not expect it to pass without being significantly revised.

B) Although the house of Representatives is considering Medicare legislation, they do not expect it to pass without significant revision.

C) Although the House of Representatives is considering Medicare legislation, it is not expected to pass without being significantly revised.

D) If it is to be passed, the House of Representatives must significantly revise Medicare legislation.

E) Consideration and significant revision is expected if Medicare legislation is to be passed by the House of Representatives.

9. Oceans(★)

One cannot gauge the immensity of the world's oceans until you have tried to sail around the world.

A) One cannot gauge the immensity of the world's oceans until you have tried to sail around the world.

B) One cannot gauge the immensity of the world's oceans until they have tried to sail around the world.

C) One cannot gauge the immensity of the world's oceans until he or she has tried to sail around the world.

D) A person cannot gauge the immensity of the world's oceans until you have tried to sail around the world.

E) A person cannot gauge the immensity of the world's oceans until they have tried to sail around the world.

10. Metal Detector(★)

<u>Using a metal detector, old coins and other valuables can be located by hobbyists even though they are buried in the sand and dirt.</u>

A) Using a metal detector, old coins and other valuables can be located by hobbyists even though they are buried in the sand and dirt.

B) Old coins and other valuables can be located by hobbyists using a metal detector even though they are buried in the sand and dirt.

C) Using a metal detector, hobbyists can locate old coins and other valuables even though they are buried in the sand and dirt.

D) Buried in the sand and dirt, old coins and other valuables can be located by hobbyists using a metal detector.

E) A metal detector can be used to locate old coins and other valuables that are buried in the sand and dirt by a hobbyist.

11. Hungary(★★)

<u>With</u> less than one percent of the world's population, Hungarians have made disproportionately large contributions to the fields of modern math and applied science.

A) With

B) Having

C) Despite having

D) Although constituting

E) In addition to accounting for

12. Natural Beauty(★★)

Plastic surgeons who perform surgery for non-medical reasons defend their practice on the basis of the free rights of their patients; many others in the health field, however, contend that plastic surgery degrades natural beauty, <u>which they liken to reconstructing a national park.</u>

A) which they liken to reconstructing a national park.

B) which they liken to a national park with reconstruction done to it.

C) which they liken to reconstruction done on a national park.

D) likening it to a national park with reconstruction done to it.

E) likening it to reconstructing a national park.

13. Cannelloni(★)

Cannelloni has and always will be my favorite Italian dish.

A) Cannelloni has and always will be my favorite Italian dish.

B) Cannelloni was, has, and always will be my favorite Italian dish.

C) Cannelloni was and always will be my favorite Italian dish.

D) Cannelloni has been and always will be my favorite Italian dish.

E) Cannelloni is, has, and always will be my favorite Italian dish.

14. Massage(★★)

Massage creates a relaxing, therapeutic, and rejuvenating

experience <u>both for your body and your well-being</u>.

A) both for your body and your well-being.

B) for both your body and your well-being.

C) both for your body and well-being.

D) for both your body and well-being.

E) both for your body as well as your well-being.

15. Europeans(★★★)

<u>Italy is famous for its composers and musicians, France, for its chefs and philosophers, and Poland, for its mathematicians and logicians.</u>

A) Italy is famous for its composers and musicians, France, for its chefs and philosophers, and Poland, for its mathematicians and logicians.

B) Italy is famous for its composers and musicians, France for its chefs and philosophers, Poland for its mathematicians and logicians.

C) Italy is famous for its composers and musicians. France for its chefs and philosophers. Poland for its mathematicians and logicians.

D) Italy is famous for their composers and musicians; France, for their chefs and philosophers; Poland for their mathematicians and logicians.

E) Italy, France, and Poland are famous for their composers and musicians, chefs and philosophers, and mathematicians and logicians.

비교

16. Sweater(★)

Although neither sweater is really the right size, <u>the smallest one fits best</u>.

A) the smallest one fits best.

B) the smallest one fits better.

C) the smallest one is better fitting.

D) the smaller of the two fits best.

E) the smaller one fits better.

17. Sir Isaac Newton(★)

Within the scientific community, the accomplishments of Sir Isaac Newton are referred to more often <u>than any</u> scientist, living or dead.

A) than any

B) than any other

C) than those of any

D) than are those of any

E) than those of any other

18. Soya(★★)

In addition to having more protein than meat does, <u>the protein in soybeans is higher in quality than that in meat</u>.

A) the protein in soybeans is higher in quality than that in meat.

B) the protein in soybeans is higher in quality than it is in meat.

C) Soybeans have protein of higher quality than that in meat.

D) Soybean protein is higher in quality than it is in meat.

E) Soybeans have protein higher in quality than meat.

19. Angel(★★)

She sings like an angel sings.

A) She sings like an angel sings.

B) She sings like an angel does.

C) She sings as an angel sings.

D) She sings as if an angel.

E) She sings as if like an angel.

20. Perceptions(★★)

Because right-brained individuals do not employ convergent thinking processes, <u>like left-brained individuals</u>, they may not notice and remember the same level of detail as their counterparts.

A) like left-brained individuals,

B) unlike a left-brained individual,

C) as left-brained individuals,

D) as left-brained individuals do,

E) as a left-brained individual can,

21. Geography(★★)

Despite the fact that the United States is a superpower, <u>American high school students perform more poorly on tests</u> <u>of world geography and international affairs than do</u> their Canadian counterparts.

A) American high school students perform more poorly on tests of world geography and international affairs than do

B) American high school students perform more poorly on tests of world geography and international affairs as compared with

C) American high school students perform more poorly on tests of world geography and international affairs as compared to

D) the American high school student performs more poorly on tests of world geography and international affairs than does

E) the American high school student performs more poorly on tests of world geography and international affairs as compared with

22. Assemblée Nationale(★★)

<u>As Parliament is the legislative government body of Great</u>

Britain, the Assemblée Nationale is the legislative government body of France.

A) As Parliament is the legislative government body of Great Britain,

B) As the legislative government body of Great Britain is Parliament,

C) Just like the legislative government body of Great Britain, which is Parliament,

D) Just as Parliament is the legislative government body of Great Britain, so

E) Just as the government of Britain's legislative branch is Parliament,

23. Bear(★★★)

Like the Alaskan brown bear and most other members of the bear family, the diet of the grizzly bear consists of both meat and vegetation.

A) Like the Alaskan brown bear and most other members of the bear family, the diet of the grizzly bear consists

B) Like those of the Alaskan brown bear and most other members of the bear family, the diets of a grizzly bear consist

C) Like the Alaskan brown bear and most other members of the bear family, the grizzly bear has a diet consisting

D) Just like the diet of the Alaskan brown bear and most other members of the bear family, the diets of the grizzly bear consist

E) Similar to the diets of the Alaskan brown bear and most other members of the bear family, grizzly bears have a diet which consists

24. Smarts(★★★)

Unlike the Miller Analogies Test, which follows a standardized format, the formats for IQ tests vary considerably in both content and length.

A) the formats for IQ tests vary considerably in both content and length.

B) the format for an IQ test varies considerably in both content and length.

C) an IQ test follows a format that varies considerably in both content and length.

D) an IQ test follows formats that vary considerably in both content and length.

E) IQ tests follow formats that vary considerably in both content and length.

동사의 시제

25. Golden Years(★)

According to the findings of a recent study, many executives <u>had elected early retirement rather than face</u> the threats of job cuts and diminishing retirement benefits.

A) had elected early retirement rather than face

B) had elected to retire early rather than face

C) have elected early retirement instead of facing

D) have elected early retirement rather than facing

E) have elected to retire early rather than face

26. Politics(★★)

Although he <u>disapproved of the political platform set forth by Senator Barack Obama during the 2008 U.S. presidential primaries, Senator John McCain had later conceded</u> that there must be a basis for a coalition government and urged members of both parties to seek compromise.

A) disapproved of the political platform set forth by Senator Barack Obama during the 2008 U.S. presidential primaries, Senator John McCain had later conceded

B) has disapproved of the political platform set forth by Senator Barack Obama during the 2008 U.S. presidential primaries, Senator John McCain had later conceded

C) has disapproved of the political platform set forth by Senator Barack Obama during the 2008 U.S. presidential primaries, Senator John McCain later conceded

D) had disapproved of the political platform set forth by Senator Barack Obama during the 2008 U.S. presidential primaries, Senator John McCain later conceded

E) had disapproved of the political platform set forth by Senator Barack Obama during the 2008 U.S. presidential primaries, Senator John McCain had later conceded

27. Trend(★★)

The percentage of people remaining single in Holland increased abruptly between 1980 and 1990 and continued to rise more gradually over the next 10 years.

A) The percentage of people remaining single in Holland increased abruptly between 1980 and 1990 and continued to rise more gradually over the next ten years.

B) The percentage of people remaining single in Holland increased abruptly between 1980 and 1990 and has continued to rise more gradually over the next ten years.

C) The percentage of people remaining single in Holland increased abruptly between 1980 and 1990 and had continued to rise more gradually over the next ten years.

D) There had been and abrupt increase in the percentage of people remaining single in Holland between 1980 and 1990 and it continued to rise more gradually over the next ten years.

E) There was an abrupt increase in the percentage of people

remaining single in Holland between 1980 and 1990 which continued to rise more gradually over the next ten years.

28. Fire(★★)

<u>Most houses that were destroyed and heavily damaged in residential fires last year were</u> built without adequate fire detection apparatus.

A) Most houses that were destroyed and heavily damaged in residential fires last year were

B) Most houses that were destroyed or heavily damaged in residential fires last year had been

C) Most houses that were destroyed and heavily damaged in residential fires last year had been

D) Most houses that were destroyed or heavily damaged in residential fires last year have been

E) Most houses that were destroyed and heavily damaged in residential fires last year have been

29. B-School(★★)

<u>As graduate management programs become more competitive</u>

<u>in the coming years in terms of their promotional and financial undertakings, schools have been becoming</u> more and more dependent on alumni networks, corporate sponsorships, and philanthropists.

A) As graduate management programs become more competitive in the coming years in terms of their promotional and financial undertakings, schools have been becoming

B) As graduate management programs are becoming more competitive in the coming years in terms of their promotional and financial undertakings, schools have been becoming

C) As graduate management programs become more competitive in the coming years in terms of their promotional and financial undertakings, schools have become

D) As graduate management programs are becoming more competitive in the coming years in terms of their promotional and financial undertakings, schools have become

E) As graduate management programs become more competitive in the coming years in terms of their promotional and financial undertakings, schools will become

30. Summer in Europe(★★)

By the time we have reached France, we will have been backpacking for twelve weeks.

A) By the time we have reached France, we will have been backpacking for twelve weeks.

B) By the time we have reached France, we will have backpacked for twelve weeks.

C) By the time we reach France, we will have been backpacking for twelve weeks.

D) By the time we will have reached France, we will have backpacked for twelve weeks.

E) By the time we reached France, we will have been backpacking for twelve weeks.

Chapter

5

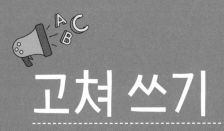

고쳐 쓰기

우리의 교육 시스템, 특히 글쓰기 과정에서 고쳐 쓰기를 다루는 경우는 드물다. 하지만 고쳐 쓰기는 중요하다. 이것은 글에 대한 느낌에 지대한 영향을 미친다. 글을 쓴 사람이 완성된 글을 읽어보았을 때 받는 느낌에도 영향을 미치고, 당연하지만 그 글을 읽어보는 다른 사람의 감상에도 영향을 미친다. 고쳐 쓰기는 그 자체로 하나의 고유한 기술이다. 그러므로 따로 떼어내어 온전히 살펴볼 필요가 있다.

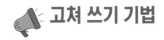

고쳐 쓰기 기법

a와 an

첫 글자가 자음이거나 소리가 자음인 단어 앞에는 "a"를 쓴다. 글자를 개별적으로 발음할 때 자음 소리가 나는 모음이 있다는 점에 주의한다.

a fortune (행운) → "f"가 자음이다.

a B.S. (학사 학위) → "B"가 자음이다.

a u-turn (유턴) → "u"를 "yoo"로 발음한다.

첫 글자가 모음이거나 소리가 모음인 단어 앞에는 "an"을 쓴다. 글자를 개별적으로 발음할 때 모음처럼 들리는 자음이 있음에 주의한다.

an ox (황소) → "o"가 모음이다.

an M.S. degree (이학 석사 학위) → "M"을 "em"으로 발음한다.

an honor (명예) → "h"가 묵음이므로 "an"을 모음 "o"에 일치시킨다.

약어(라틴어)

("예를 들어"를 뜻하는) 약어 "e. g."와 ("즉"이라는 뜻의) "i. e."는 각 글자 뒤에 마침표를 하나씩 찍으며, 두 번째 마침표 뒤에는 언제나 쉼표가 따라온다. "eg."나 "ie."의 형태는 옳지 않다.

아래에 "e. g." 혹은 "for example"을 사용해서 정보를 전달하는 세 가지 방법이 나와 있다.

예문: (주황색과 분홍색, 자주색처럼) 시각적으로 선명한 색상들은 보통 집 안의 벽을 칠하는 데 쓰이지 않는다.

→ A number of visually vibrant colors (e.g., orange, pink, and purple) are not colors that would normally be used to paint the walls of your home.

→ A number of visually vibrant colors, e.g., orange, pink, and purple, are not colors that would normally be used to paint the walls of your home.

→ A number of visually vibrant colors, for example, orange, pink, and purple, are not colors that would normally be used to paint the walls of your home.

아래에 "i. e." 혹은 "that is"를 사용해서 정보를 전달하는 세 가지 방법이 나와 있다.

예문: 세계에서 가장 인구가 많은 두 대륙(즉, 아시아와 아프리카)이 세계 인구의 75퍼센트를 차지한다.

→ The world's two most populous continents (i.e., Asia and Africa) account for 75 percent of the world's population.

→ The world's two most populous continents, i.e., Asia and Africa, account for 75 percent of the world's population.

→ The world's two most populous continents, that is, Asia and Africa, account for 75 percent of the world's population.

표 5.1에 수록된 라틴어 약어들을 사용할 때에는 주의해야 한다. 글의 대상 독자가 이러한 용어에 익숙한지에 따라 사용 여부를 결정해야 하기 때문이다. 따라서 직접 사용하기보다는 이 약어들이 포함된 다양한 글을 마주했을 때 참고하면 편리하다.

표 5.1

약어	뜻
c.	약
cf.	비교하라

e.g.	예를 들어
etc.	등등
et al.	외
ibid.	같은 곳에서
i.e.	즉
op. cit.	앞서 언급한 글에서
sc.	다시 말해
sic.	원문 그대로
s.v.	~라는 단어 아래
v.	참조
viz.	즉

NOTE ✏️

"Etc."는 "et cetera"의 약어로 "등등"을 뜻한다. "And etc."로 쓰면 "and"가 중복되어 "and and so forth"가 되므로 이렇게 쓰지 않도록 한다. 약어에 관한 추가적인 내용은 '7장: 미국식 영어와 영국식 영어'를 참고하면 좋다.

생략된 글자에 쓰는 아포스트로피

생략된 글자를 나타내기 위해 아포스트로피를 쓸 때는 언제나 "6"이 아닌 "9" 모양으로 쓴다. 다시 말해 앞쪽이 아닌 뒤쪽으로 구부러지는 모양의 약물을 사용해야 한다.

rock 'n' roll (로큰롤) → rock 'n' roll이라고 쓰면 안 된다.

jivin' (자이브) → jivin'라고 쓰면 안 된다.

'tis (그것은) → 'tis라고 쓰면 안 된다.

글머리 기호를 붙인 목록

글머리 기호나 숫자를 붙인 목록은 정보를 세로로 늘어놓을 때 사용하면 유용하다. 아래의 예문에서는 숫자를 매기는 대신 정보마다 구두점을 찍는 방법을 사용했다. 이러한 방식으로 글을 쓸 때 사용할 수 있는 시나리오는 모두 여섯 가지다. 시나리오의 주제는 우리 모두에게 소중한 존재인 책이다!

시나리오 1

Four words that describe why books are cool:

- durability
- accessibility
- portability
- affordability

책이 멋진 이유를 설명하는 네 단어:

- 내구성
- 접근성
- 휴대성
- 적절한 가격

방법: 도입부에 완전한 문장을 쓰고 콜론을 붙인다. 그 다음 세로로 나열하는 정보 앞에 글머리 기호를 붙이고 완전한 문장이 아니기 때문에 마침표는 생략한다. 이때 각 항목의 첫 글자를 대문자로 쓸지 소문자로 쓸지는 선택사항이다. 하지만 어느 한쪽을 선택했다면 일관성을 유지하기 위해서 모든 항목의 첫 시작은 통일해야 한다. 즉 모두 대문자로 시작하거나 혹은 모두 소문자로 시작해야 한다.

시나리오 2

Four reasons why printed books are great:

1. Durability
2. Accessibility
3. Portability
4. Affordability

인쇄된 책이 훌륭한 네 가지 이유:

1. 내구성

2. 접근성

3. 휴대성

4. 적절한 가격

방법: 숫자를 매긴 목록 역시 글머리 기호를 붙인 목록과 동일하게 작성한다. 한 가지 예외라면 각 숫자 뒤에 오는 첫 글자를 대문자로 써야 한다는 점뿐이다. 단 순서나 계층을 나타내고자 하는 특별한 이유가 없다면 숫자를 매긴 목록은 사용하지 않는 편이 좋다.

시나리오 3

Why will printed books never become obsolete?

- Theyre durable.

- Theyre accessible.

- Theyre portable.

- Theyre affordable.

인쇄된 책은 왜 결코 사라지지 않을까?

- 내구성이 좋다.

■ 접근이 쉽다.

■ 휴대가 간편하다.

■ 가격이 적절하다.

방법: 도입부에 완전한 문장을 쓰고, 문맥상 콜론 대신 물음표를
선택했다. 글머리 기호를 붙인 정보들 또한 모두 완전한 문
장이므로 각각 대문자로 시작해서 마침표로 끝맺었다.

시나리오 4

People love printed books because they're

■ durable

■ accessible

■ portable

■ affordable

사람들은 인쇄된 책을 좋아한다. 왜냐하면

■ 내구성이 좋기 때문이다.

■ 접근이 쉽기 때문이다.

■ 휴대가 간편하기 때문이다.

■ 가격이 적절하기 때문이다.

방법: 도입부가 완전한 문장이 아니므로 "they're" 뒤에 콜론을 쓰지 않는다. 글머리 기호를 붙인 항목들도 완전한 문장이 아니므로 마침표를 찍지 않는다. 글머리 기호 뒤에 오는 글자를 대문자로 쓸지 여부는 선택사항이다.

Printed books are here to stay because

- Theyre highly durable.
- Theyre easily accessible.
- Theyre wonderfully portable.
- Theyre eminently affordable.

인쇄된 책이 여전히 존재하는 이유는

- 내구성이 대단히 좋기 때문이다.
- 쉽게 접근할 수 있기 때문이다.
- 휴대하기가 정말 간편하기 때문이다.
- 가격이 매우 적절하기 때문이다.

방법: 도입부의 문장이 완전하지 않으므로 "because" 뒤에 콜론을 찍지 않는다. 글머리 기호 뒤의 첫 글자는 대문자로 쓰며 각각의 완전한 문장 뒤에는 마침표를 찍는다.

People love printed books because they're

- highly durable;
- easily accessible;
- wonderfully portable;
- eminently affordable.

사람들은 인쇄된 책을 좋아한다. 왜냐하면

- 내구성이 대단히 좋기 때문이다;
- 쉽게 접근할 수 있기 때문이다;
- 휴대하기가 정말 간편하기 때문이다;
- 가격이 매우 적절하기 때문이다.

방법: 글머리 기호를 붙인 항목들이 각각 도입부와 이어져서 하나의 문장처럼 읽히므로 구분을 위해 세미콜론을 쓰고 마지막 줄에 마침표를 찍는다. 단 글머리 기호 뒤의 정보가 위의 예처럼 짧다면 항목들을 세로로 늘어놓기보다는 아래의 예처럼 문장 형태로 나열하는 것이 더 좋을 수도 있다.

People love printed books because they're (1) highly durable, (2) easily accessible, (3) wonderfully portable, and (4) eminently affordable.

마침표를 사용할 때 주의할 점

이력서를 쓸 때나 슬라이드를 이용해서 발표할 때 글머리 기호를 붙인 항목들에 마침표를 찍는 경우가 많은데, 어떤 항목엔 찍고 어떤 항목엔 찍지 않는 등 마침표를 제멋대로 쓰면 일관성이 떨어진다. 규칙을 "엄격히" 적용하자면 완전한 문장을 이루는 정보에는 마침표를 찍고 완전한 문장을 이루지 않는 정보에는 마침표를 생략한다. 하지만 이력서나 슬라이드 발표 시 적용할 수 있는 더 현실적인 규칙은 (여섯 단어 이하의) 짧은 정보 뒤에는 마침표를 생략하고 한 줄이 넘어가는 정보 뒤에는 (완전한 문장을 이루는지의 여부에 상관없이) 마침표를 찍는 것이다. 사실 마침표를 찍으면 종료되는 느낌이 들어서 가독성이 향상되기 때문에 마침표를 남발하게 되는 경우가 종종 생긴다.

콜론 (:)

콜론은 목록이나 열거된 항목의 도입부에 주로 쓰이며 "follow(s)"나 "following", "include(s)", "including" 등의 단어 뒤에 올 때가 많다. 단 Namely나 for example, for instance, such as 뒤에는 쓰지 않는다. 목록이나 열거된 항목들의 도입부에 쓰일 때 "to be" 동사형(즉, is, are, am, was, were, have been, had been, being) 뒤나 (at, by, in, of, on, to, up, for, off, out, with 등의) "짧은" 전치사 뒤에도 콜론을 쓰지 않는다.

잘못된 예:

We sampled several popular cheeses, namely: Gruyere, Brie, Camembert, Roquefort, and Stilton.

우리는 몇 가지 유명한 치즈들 즉, 그뤼에르와 브리, 카망베르, 로크포르, 스틸턴을 시식했다.

("Namely" 뒤에 오는 콜론을 지운다.)

잘못된 예:

My favorite video game publishers are: Nintendo, Activision, and Ubisoft.

내가 좋아하는 비디오 게임 출시 회사는 닌텐도와 액티비전, 유비소프트이다.

(동사 "are" 뒤에 오는 콜론을 지운다.)

잘못된 예:

Graphic designers should be proficient at: Photoshop, Illustrator, InDesign, and Adobe Acrobat.

그래픽 디자이너들은 포토샵과 일러스트레이터, 인디자인, 어도비 애크로뱃에 능숙해야 한다.

(전치사 "at" 뒤에 오는 콜론을 지운다.)

하지만 콜론 뒤에 목록이나 나열된 항목이 오지 않는다면 글을 쓰는 사람이 적절하다고 생각하는 어떤 단어 뒤에든 자유롭게 콜론을 쓸 수 있다.

올바른 예:

The point is: People who live in glass houses shouldn't throw stones.

핵심은 유리로 만들어진 집에 사는 사람들은 돌을 던지면 안 된다는 것이다.

(동사 "is" 뒤에 콜론이 온다.)

올바른 예:

Warren Buffett went on: "Only four things really count when making an investment — a business you understand, favorable long-term economics, able and trustworthy management, and a sensible price tag. That's investment. Everything else is speculation."

워런 버핏이 말을 이었다. "투자할 때 진짜로 고려해야 할 요소는 잘 알고 있는 사업, 장기적인 호황, 능력 있고 믿을 만한 경영자, 합리적인 가격 이 네 가지뿐이다. 그것이 바로 투자다. 그 외의 모든 것은 투기다."

(전치사 "on" 뒤에 콜론이 온다.)

대시

먼저 하이픈과 대시의 차이점에 주의하자. 대시는 하이픈(-)보다 길이가 긴 문장부호로 하이픈이 필요한 곳에 대시를 쓰면 안 된다. 대시에는 두 종류가 있다. 첫 번째는 "엠 대시"(—)라 불리며 길이가 길다. 두 번째는 "엔 대시"(–)라 불리며 길이가 짧다. 일상에서 글을 쓸 때는 엔 대시(–)를 가장 많이 쓰는 반면 공식적인 문서에서의 표준적인 관례는 엠 대시(—)이다. 참고로 이야기하면 엔 대시는 너비가 대문자 "N"의 너비와 같아 그렇게 불리고 엠 대시는 너비가 대문자 "M"의 너비와 같아 그렇게 불린다. 이 두 종류의 대시는 마이크로소프트 워드 메뉴에서 삽입→기호→특수문자를 클릭하면 찾을 수 있다.

대시를 사용할 때 일반적으로 자주 쓰는 방법은 세 가지가 있는데, (1) 엔 대시(–) 양 옆으로 한 칸씩 띄우는 경우, (2) 엠 대시(—) 양 옆으로 칸을 띄우지 않는 경우, (3) 엠 대시(—) 양 옆으로 한 칸씩 띄우는 경우이다. 처음 두 방법은 일상적인 글에서 가장 많이 쓰인다. 세 번째 방법은 인터넷에서 널리 쓰인다.

1) To search for wealth or wisdom – that's a classic dilemma.

   (엔 대시 양 옆으로 한 칸씩 띄웠다.)

2) To search for wealth or wisdom—that's a classic dilemma.

(엠 대시 양 옆을 띄우지 않았다.)

3) To search for wealth or wisdom — that's a classic dilemma.

(엠 대시 양 옆으로 한 칸씩 띄웠다.)

하이픈

1) 하이픈은 21에서 99까지의 두 자리 숫자 및 분수를 글로 적을 때 사용한다.

Sixty-five students constitute a majority.

학생 65명이 다수를 이룬다.

A two-thirds vote is necessary to pass.

통과하려면 표의 ⅔가 필요하다.

2) 혼동을 피하기 위해 한 단어 내의 각 요소들을 구분할 때, 특히 모음이 겹치는 경우에 하이픈을 사용한다.

Our goal must be to re-establish dialogue, then to re-evaluate our mission.

우리의 목표는 대화를 회복해서 우리의 임무를 재평가하는 것이어야 한다.

Samantha's hobby business is turning shell-like ornaments into jewelry.
사만다의 취미 사업은 조개껍데기 같은 장식을 장신구로 바꾸는 일이다.

3) 어근이 동일한 단어들을 늘어놓을 때, 어근을 반복하지 않고 하이픈을 사용해서 단어들을 연결시킬 수 있다. 즉, "Small-sized to medium-sized companies"를 짧게 쓰고 싶다면, 하이픈을 사용해서 "small-to medium-sized companies(중소기업)"라고 쓸 수 있다.

4) 접두사 ex-와 self-를 붙일 때, 그리고 vice-와 elect-를 써서 합성어를 만들 때 하이픈을 사용한다.

Our current vice-chancellor, an ex-commander, is a self-made man.
전 지휘관이기도 했던 현재 부총장은 자수성가한 사람이다.

복합 형용사

두 개 (혹은 그 이상의) 단어가 하나의 구성단위로써 한 명사를 꾸
밀 때 그것을 복합 형용사라고 한다(복합 수식어라고도 부른다). 다
음 표에 나온 것처럼 복합 형용사가 꾸밈을 받는 명사 앞에 올 때는
하이픈을 써서 복합 형용사를 연결하고 명사 뒤에 올 때는 하이픈
을 쓰지 않는다.

복합 형용사

예문 해석	(하이픈으로 연결하는) 복합 형용사	(하이픈으로 연결하지 않는) 복합 형용사
인간은 문제를 해결할 때 단계적으로 접근해야 한다는 것을 경험을 통해 알게 된다.	Experience teaches a person to use a step-by-step approach when solving problems. → "Step by step"이 명사 "approach" 앞에 오므로 하이픈을 쓴다.	Experience teaches a person to approach solving problems step by step. → "Step by step"이 명사 "approach" 뒤에 오므로 하이픈을 쓰지 않는다.

후속 이메일을 보내라.	Send a follow-up e-mail.	Send an e-mail to follow up.
유익한 최신 소식지	An informative and up-to-date newsletter.	A newsletter that is informative and up to date.
유명한 사람	A well-known person.	A person who is well known.
좋은 의도의 행동	A well-intentioned act.	An act that is well intentioned.
새 자전거 다섯 대	Five brand-new bikes.	Five bikes that are brand new.
열 살의 소녀	The ten-year-old girl.	The girl who is ten years old.
35세의 CEO	A thirty-five-year-old CEO.	A CEO who is thirty-five years old.

복합 형용사가 여러 개의 단어 혹은 이미 하이픈으로 연결된 단어들로 이루어진 경우에는 각각을 구분하기 위해 엔 대시(–)를 쓰는 것이 일반적이다. '대시' 항목을 참고하라.

Los Angeles-Buenos Aires
로스앤젤레스-부에노스아이레스

quasi-public-quasi-private health care bill

공적으로 보이기도 하고, 사적으로 보이기도 하는 의료 서비스 법안

가끔 "만들어낸" 단어로 이루어진 복합 형용사도 있다.

a fly-by-the-seat-of-your-pants entrepreneur

잘 알지 못하는 분야의 일을 잘해내는 사업가

a tell-it-like-it-is kind of spokesperson

있는 그대로 말하는 대변인

그러나 다음과 같은 경우에는, 하이픈이나 엔 대시를 사용하지 않는다.

1) 명사가 형용사의 꾸밈을 받고 형용사가 부사의 꾸밈을 받는 경우

very big poster (매우 커다란 포스터)

위의 예에서 "big"은 명사 "poster"를 설명하는 형용사이고 "very"는 형용사 "big"을 설명하는 부사이다.

2) 두 단어가 하나의 명사로써 기능하는 복합 명사를 형용사가 꾸

밀 경우

cold roast beef (차가운 소고기 구이)

여기에서 "cold"는 복합 명사 "roast beef"를 설명하는 형용사이다. "Cold-roast"가 함께 "beef"를 꾸미는 경우가 아니므로 "cold-roast beef"라고 쓰지 않는다.

little used book (작은 중고책)

여기에서 "little"은 복합 명사 "used book"을 설명하는 형용사다. 이렇게 썼을 때 이 어구의 뜻은 '크기가 작은 중고책'이 된다. 만약 '자주 보지 않는 책'을 뜻하고 싶다면 그때는 "little-used book"으로 써도 된다.

3) 복합 명사가 또 다른 명사를 꾸미는 경우

high school student (고등학생)
cost accounting issues (원가 계산 문제)

"High school"을 "student"를 꾸미는 복합 명사로 본다. 복합 명사는 하이픈으로 연결하지 않는다. "Issues"를 꾸미는 "cost accounting" 역시 하이픈으로 연결하지 않는 복합 명사다.

4) 복합어에 "ly"로 끝나는 부사가 들어가는 경우. "ly"로 끝나는 부사 는 복합 수식어로 기능할 때조차 하이픈을 쓰지 않는다.

a highly motivated employee (매우 의욕이 높은 직원)

a newly published magazine (새로 출간된 잡지)

a publicly traded company (공개적으로 거래된 회사)

a frequently made error (자주 발생하는 실수)

NOTE

"Family-owned"와 "family-run"이 복합 형용사로 기능할 경우에는 하이픈 으로 연결한다. "family"가 "ly"로 끝나긴 하지만 부사가 아니기 때문이다.

수

1에서 100까지는 물론 문장 맨 앞에 등장하는 모든 숫자는 영어 로 쓴다. 100이 넘어가는 수(예: 101)는 숫자로 쓴다.

예문: 우리 교수님은 3개국에서 살았고 4개국 어를 말한다.

→ Our professor has lived in 3 countries and speaks 4 languages. (X)

→ Our professor has lived in three countries and speaks four
languages. (O)

복수명사

해당 명사가 집단의 일원마다 모두 다를 때는 복수형을 써야 한
다. 즉 "Our dream"과 "our dreams"는 서로 뜻이 다른데, 전자의
경우에는 우리들이 공통의 꿈을 가졌다는 뜻이고, 후자는 우리들
의 꿈이 각각 다르다는 뜻을 포함하고 있다.

예문: 지원자들은 직장 면접에 이력서를 가져와야 한다.

→ Candidates should bring their r̲é̲s̲u̲m̲é̲ to their job i̲n̲t̲e̲r̲v̲i̲e̲w̲.
(X)

→ Candidates should bring their r̲é̲s̲u̲m̲é̲s̲ to their job
i̲n̲t̲e̲r̲v̲i̲e̲w̲s̲. (O)

예문: 컴퓨터에 관해서 기술하고는 거리가 먼 사람들이 있다.

→ When it comes to computers, some people don't have a
technical bone in their b̲o̲d̲y̲. (X)

→ When it comes to computers, some people don't have a
technical bone in their b̲o̲d̲i̲e̲s̲. (O)

소유격

 명사의 소유격을 만들 때 헷갈릴 수 있다. 네 가지 기본 상황이 존재한다. (1) "s"로 끝나지 않는 단수명사의 소유격 만들기 (2) "s"로 끝나는 단수명사의 소유격 만들기 (3) "s"로 끝나지 않는 복수명사의 소유격 만들기 (4) "s"로 끝나는 복수명사의 소유격 만들기

 (1) "s"로 끝나지 않는 <u>단수명사</u>는 ('s처럼) 간단히 아포스트로피와 "s"를 덧붙인다.

Jeff's bike (제프의 자전거)

The child's baseball glove (그 아이의 야구 글러브)

 (2) "s"로 끝나는 <u>단수명사</u>의 경우에는 ('s처럼) 아포스트로피와 "s"를 덧붙이거나 간단히 아포스트로피만 붙이는 방법 중에 선택할 수 있다.

러스 교수의 강의 → Professor Russ's lecture

→ Professor Russ' lecture

 (3) "s"로 끝나지 않는 <u>복수명사</u>는 ("s처럼) 간단히 아포스트로피와 "s"를 덧붙인다.

men's shoes (남성용 신발)

children's department (아동용품 매장)

(4) "s"로 끝나는 <u>복수명사</u>의 경우에는 간단히 아포스트로피만 덧붙인다. 복수명사 대부분이 "s"로 끝난다는 점을 기억하자.

ladies' hats (여성용 모자)

The boys' baseball bats (그 소년들의 야구 방망이들)

마지막 예에서 "boys' baseball bats"는 여러 명의 소년이 각자 (서로 다른) 야구 방망이를 가지고 있음을 뜻한다. 만약 "boys' baseball bat"로 썼다면 여러 소년들이 하나의 야구방망이를 공동으로 소유하고 함께 쓴다는 뜻이다. 그밖에 "The boy's baseball bat"로 썼다면 한 소년이 자신의 야구방망이를 가지고 있다는 뜻이되고, "The boy's baseball bats"로 쓴다면 한 소년이 야구방망이를 여러 개 가지고 있음을 뜻하는 문장이 된다.

출력하여 고쳐 쓰기

가능하다면 컴퓨터 화면을 보면서 최종 수정을 하지 않도록 한다. 글을 출력해서 직접 보면서 고치는 게 좋다.

인용

아래는, 인용할 때 가장 자주 접하게 되는 네 가지 상황을 나타낸 예문들이다.

① My grandmother said, "An old picture is like a precious coin."

할머니는 이렇게 말했다, "오래된 사진은 귀한 동전과도 같아."

② "An old picture is like a precious coin," my grandmother said.

"오래된 사진은 귀한 동전과도 같아"라고 할머니가 말했다.

(본문과 인용문을 구분하기 위해 보통 쉼표를 찍는다.)

③ "An old picture," my grandmother said, "is like a precious coin."

"오래된 사진은," 할머니가 말을 이었다, "귀한 동전과도 같아."

(단절된 혹은 분리된 인용이라 부른다. "is"의 "i"를 소문자로 쓴 것은 인용문이 앞에서부터 이어지고 있음을 뜻한다.)

④ "They're like precious coins," my grandmother said. "Cherish all your old pictures."

"오래된 사진은 귀한 동전과도 같아"라고 할머니가 말했다. "모두 소중히 간직해라."

(두 개의 완전한 인용문이 분리되어 있다. 새롭게 시작되는 인용문이므로

"cherish"의 앞 글자는 대문자로 써야 한다.)

문장 전체를 인용할 때는 큰따옴표를 쓰고 개별적인 단어나 구를 인용할 때는 작은따옴표를 쓰라는 말이 있다. 하지만 이를 뒷받침해주는 근거는 없다. 미국식 영어에서 작은따옴표를 쓸 수 있는 유일한 경우는 인용구 안에 다시 인용구가 등장할 때뿐이다. 큰따옴표나 작은따옴표의 쓰임에 관한 더 자세한 내용은 '7장: 미국식 영어와 영국식 영어'를 참고하라.

따옴표

따옴표에는 곧은 형태와 구부러진 형태의 두 가지 양식이 있다. 곧은 형태는 컴퓨터 또는 타자기 따옴표로 알려져 있다. 구부러진 형태는 보통 지능형 따옴표 혹은 인쇄공 따옴표로 불린다.

인쇄할 글에는 언제나 구부러진 따옴표를 써야 하며 곧은 형태는 피해야 한다.

I didn't say, "I'm not happy." (O)
I didn't say, "I'm not happy." (X)

어떤 글이든 곧은 형태와 구부러진 형태를 섞어 쓰는 일은 피해야 한다. 인쇄할 글에는 곧은 형태가 아닌 구부러진 따옴표를 사용해야 하는데, 이메일에 첨부된 글을 워드 프로세스 문서에 바로 붙여 넣을 때 곧은 따옴표를 쓰는 실수가 자주 일어난다. 워드 문서에서 곧은 형태의 따옴표를 없앨 때는 워드 프로세싱 프로그램에 있는 '찾아 바꾸기' 기능을 이용하면 된다.

슬래시

(사선이라고도 불리는) 슬래시는 보통 선택 가능한 항목들을 서로 구분할 때 쓴다. 슬래시 양쪽에 칸을 띄우지 않고 "글자들 사이에 끼어 있는" 상태로 사용한다.

At a minimum, a résumé or CV should contain a person's job responsibilities and / or job accomplishments. (X)

나는 내가 행복하지 않다고 말하지 않았다.

At a minimum, a résumé or CV should contain a person's job responsibilities and/or job accomplishments. (O)

이력서에는 최소한 개인의 직무 책임성과 업무 수행에 관한 내용이 포함되어 있어야 한다.

표준에 맞는 어구와 표준에 맞지 않는 어구

언어는 시간에 따라 계속 변화하므로 어떤 어구를 문법적인 표준으로 받아들일지에 대해 완벽한 합의를 바랄 수는 없다. 문법책과 사전마다 약간씩 차이가 있다. 게다가 일상에서 쓰는 문어와 공식적인 문어가 서로 다르기 때문에 이런 차이는 계속 존재할 수밖에 없다. 예를 들어 일상적인 문어에서는 "all right"과 "alright"은 물론 "different from"과 "different than"도 서로 바꿔 쓸 수 있다. 이 때문에 사전 편찬자들은 언어의 올바른 형태를 규정하고 지시해야 할지, 아니면 많은 사람들이 쓰는 언어를 설명하고 기록해야 할지 그 기로에서 끊임없이 어려움을 겪고 있다.

표준	비표준
After all, a lot, all right	Afterall, alot, alright
Anywhere, everywhere, nowhere	Anywheres, everywheres, nowheres
Because, since, as ("~ 때문에"라는 뜻의 접속사로 쓰일 때)	Being as/being that
Could have/would have/ should have/might have/ may have	Could of/would of/should of/ might of/may of
Every time (언제나 두 단어로 나누어 쓴다.)	Everytime
Himself, themselves	Hisself, theirselves

In comparison to	In comparison with
In contrast to	In contrast with
In regard to, with regard to	In regards to, with regards to, in regards of
Regardless	Irregardless
Supposed to/used to	Suppose to/use to
The reason is that	The reason is because

제목과 대문자 사용에 관하여

글 안에서 책, 잡지, 노래 등을 인용할 때 작품의 제목을 이탤릭체로 써야 할지 따옴표로 처리해야 할지 종종 혼란스러울 때가 있다. 일단 길이가 긴 작품이나 하나의 완전한 작품을 인용할 때는 이탤릭체로 표기하는 게 일반적이다. 반면에 어떤 작품의 일부를 표기하거나 짧은 작품일 경우에는 이탤릭체로 쓰지 않고 따옴표 안에 넣어 처리한다. 즉, 책과 잡지, 신문, 영화, 텔레비전 프로그램, 라디오 프로그램, 연극, 앨범 제목은 이탤릭체로 표기하고, 각각의 기사와 수필, 짧은 이야기, 시, 책의 각 장, 텔레비전 시리즈의 각 회, 하나의 노래 제목은 따옴표 안에 넣는 경우가 일반적이다. 참, 이제는 제목을 쓸 때 밑줄을 긋지 않는다는 점에 주의하자.

제목에 대문자를 쓸 때에는 다음의 규칙을 기억하자. 제목의 첫 단어와 마지막 단어는 언제나 대문자로 시작하며 마지막 단어 끝에는 마침표를 찍지 않는다. 이 외의 규칙들은 제각각이다. 일반적으로 널리 적용되는 규칙은 모든 "중요한" 단어는 대문자로 시작하고 짧고 "중요하지 않은" 단어는 대문자로 시작하지 않는 것이다. "중요한" 단어의 범주에는 명사와 대명사, 동사, 형용사, 부사 등이 포함된다. 예외가 있다면 동사 "is"와 "am", "are", 그리고 품사에 관계없이 "as" 등도 포함될 수 있다는 점이다.

반면 전치사와 접속사, 감탄사처럼 "중요하지 않은" 단어는 대문자로 시작해도 되고 소문자로 시작해도 된다. (at, by, in, of처럼) 두 글자로 이루어진 전치사는 거의 대문자로 시작하지 않으며 관사(a, an, the)도 사실상 대문자로 시작하지 않는다(물론 제목의 맨 앞에 올 때는 예외다). 등위 접속사 and와 but, or, nor, for는 대문자로 시작하지 않지만 등위 접속사 yet과 so는 거의 항상 대문자로 시작한다.

NOTE ✏

"대문자로 시작"하는 경우와 "전부 대문자"로 쓰는 경우가 헷갈릴 수도 있다. "대문자로 시작"하는 경우는 (Great처럼) 단어의 첫 글자만 대문자로 쓸 때를 뜻한다. "전부 대문자"로 쓰는 경우는 (GREAT처럼) 단어의 모든 글자를 대문자로 쓸 때를 뜻한다.

 **양식과 배치 수정하기**

간결함

일반적으로 문장은 짧을수록 좋다. 문장의 뜻이 달라지지 않는 선에서 같은 생각을 더 적은 단어로 표현하는 방법을 생각해보자.

예문: 영화감독의 기술로도 형편없는 대본을 만회할 수는 없다.

→ A movie director's <u>skill</u>, <u>training</u>, and <u>technical ability</u> cannot make up for a poor script (덜 효율적인 문장).

→ A movie director's skill cannot make up for a poor script.

   (더 효율적인 문장)

예문: 그 회사의 직원들

→ employees of the company (원래 문장)

→ company employees (더 좋은 문장)

   (**"Of"나 "of the"는 뺄 수 있는 경우가 많다.**)

예문: 설문조사가 마무리되지 않아 최종 결론을 끌어내기가 어렵다.

→ <u>Owing to the fact that</u> questionnaires are incomplete, it is difficult to draw definitive conclusions (원래 문장).

→ <u>Because</u> questionnaires are incomplete, it is difficult to draw definitive conclusions (더 좋은 문장).

("Due to the fact that"이나 "owing to the fact that" 같은 표현은 사용하지 않는다. "Because"나 "since"를 쓰자.)

예문: 우리는 유머러스하고 좋은 아이디어가 많은 두 번째 지원자를 고용하고 싶다.

→ We want to hire the second candidate <u>due to the fact that</u> he is humorous and has many good ideas (원래 문장).

→ We want to hire the second candidate <u>since</u> he is humorous and has many good ideas (더 좋은 문장).

글머리 기호와 하이픈, 별표

글머리 기호는 이력서와 전단지에 널리 쓰이지만 비소설에서도 목록이나 표와 함께 자주 쓰인다. 격식을 갖춰야 하는 글에 글머리 기호 대신 하이픈(-)이나 별표(*)를 쓰는 것은 좋지 않다. 그 대신 둥근 글머리 기호나 사각 글머리 기호, 웹딩, 윙딩, 딩뱃 기호를 쓰는 것이 일반적이다. "딩"은 장식성 글머리 기호나 작은 그래픽 문자들을 뜻한다.

예: ●, ·, ○, ■, ▪, ◆, ♦, ◇, ▶, ▼, □, ⇨, ➢

명사화

글을 쓸 때는 명사보다 동사(와 형용사)를 선호해야 한다. 동사가 명사보다 강력하다. 즉 동사(또는 형용사)를 명사로 바꾸지 않는 것이 일반적인 문법 규칙이다. 통칭해서 이것을 "명사화를 피한다"고 말한다.

(1) 동사를 명사로 바꾸지 않는다.

예문: 비용을 줄이다.

→ reduce costs (더 효과적인 문장)

→ reduction of costs (덜 효과적인 문장)

예문: 5개년 계획을 발전시키다.

→ develop a five-year plan (더 효과적인 문장)

→ development of a five-year plan (덜 효과적인 문장)

예문: 데이터에 의존하다.

→ rely on the data (더 효과적인 문장)

→ reliability of the data (덜 효과적인 문장)

(2) 형용사를 명사로 바꾸지 않는다.

예문: 정밀한 기구

→ <u>precise</u> instruments (더 효과적인 문장)

→ <u>precision</u> of the instruments (덜 효과적인 문장)

예문: 창의적인 개인들

→ <u>creative</u> individuals (더 효과적인 문장)

→ <u>creativity</u> of individuals (덜 효과적인 문장)

예문: 합리적인 근무시간

→ <u>reasonable</u> working hours (더 효과적인 문장)

→ <u>reasonableness</u> of the working hours (덜 효과적인 문장)

쪽 번호 매기기

출판계에서는 쪽 번호를 인쇄하든 인쇄하지 않든, 홀수 쪽이 "오른쪽"에 오도록 시작하는 게 관례이다.

기업 보고서의 경우, 1쪽은 표지(쪽 번호는 인쇄하지 않는다), 3쪽은 총괄 개요(쪽 번호는 인쇄할 수도 있고 인쇄하지 않을 수도 있다), 5쪽은 목차(쪽 번호는 인쇄할 수도 있고 인쇄하지 않을 수도 있다), 7쪽은 서문(쪽 번호를 인쇄한다) 등으로 진행한다.

책이나 보고서, 학술 연구서에 담긴 정보의 종류는 다양하지만 쪽 구성에 관한 세 가지 관례는 언제나 동일하다. 첫째, 홀수 쪽은 언제나 오른편에 있거나 앞면이고 짝수 쪽은 언제나 왼편에 있거나 뒷면이다. 둘째, 모든 쪽수를 센다. 셋째, 항상 홀수 쪽이나 오른쪽에서 새로운 부분이 시작된다(몇 가지 예외는 있다). 달리 말해 한 부가 홀수 쪽에서 끝났다면 이어지는 부를 홀수 쪽에서 시작할 수 있도록 그 다음 쪽을 "건너뛴다"는 뜻이다. (짝수이자 왼편인) 건너뛴 쪽은 백지로 남기는데, 쪽수를 인쇄하지 않더라도 셀 때는 함께 센다. 이 세 가지 관례를 따르면 문서가 길어도 전문적으로 배치된 느낌을 준다.

단락 양식

글을 배치할 때는 "블록 형태의 단락"과 "들여 쓰는 형태의 단락" 이 두 가지 구성 방식 중에서 선택할 수 있다. 오늘날의 비즈니스 레터가 전형적인 블록 형태의 단락으로 구성된 예이다. 즉 단락 사이사이에 한 줄을 띈다(비워 놓는다). 그리고 각 단락은 들여쓰기 없이 왼쪽 정렬로 배치한다. 양쪽 정렬을 쓰는 경우도 있다.

"들여 쓰는 형태의 단락" 구성 방식은 소설에서 자주 볼 수 있다. 각 단락의 첫 줄을 들여 쓰고 같은 장 안에서는 단락 사이에 간격을 두지 않는 방식이다. 하지만 새롭게 시작하는 장의 첫 단락의 첫 줄은 들여 쓰지 않는다는 점을 기억하자.

들여 쓰는 형태의 단락 구성 방식은 글을 더 매력적으로, 더 이야기처럼 만들어주는 효과가 있는 반면 (가장자리를 완전히 맞추는) 블록 형태의 단락 구성 방식은 더 격식을 갖춘 느낌을 줄 수 있다.

수동태와 능동태

모든 조건이 동등하다면 수동태가 아닌 능동태로 글을 쓴다.

예문: 해리는 샐리를 사랑했다.

→ Sally <u>was</u> loved by Harry (**덜 효과적인 문장**).

→ Harry loved Sally (**더 효과적인 문장**).

예문: 전근대 시대에는 경험이 부족하고 장비를 제대로 갖추지 않은 의사들이 수술을 행하는 경우가 많았다.

→ In pre-modern times, medical surgery was often performed by inexperienced and ill-equipped practitioners.
(**덜 효과적인 문장**)

→ In pre-modern times, inexperienced and ill-equipped practitioners often performed medical surgery.
(**더 효과적인 문장**)

일반적인 주어-동사-목적어 순의 문장에서는 동작을 행하는 사람이 문장 앞쪽에 등장하고 동작을 받는 사람이 문장 뒤쪽에 등장한다. 수동태 문장은 일반적인 주어-동사-목적어의 순서가 뒤바뀌기 때문에 직접적인 느낌이 덜하다. 동작을 받는 사람이 문장의 주어가 되고 동작을 행하는 사람이 문장의 목적어가 된다. 수동형 문장에서는 동작을 행하는 사람이 언급되지 않을 수도 있다.

예문: 그 보고서에는 오류가 있다.

→ Errors <u>were</u> found in the report (덜 효과적인 문장).

→ The report contained errors (더 효과적인 문장).

→ 또는 The <u>reviewer</u> found errors in the report.

예문: 우리는 적십자 자원봉사자들의 노력에 칭찬을 아끼지 말아야 한다.

→ Red Cross volunteers should <u>be</u> generously praised for their efforts (덜 효과적인 문장).

→ <u>Citizens</u> should generously praise Red Cross volunteers for their efforts (더 효과적인 문장).

→ **또는** <u>We</u> should generously praise Red Cross volunteers for their efforts.

수동문은 어떻게 알아볼 수 있을까? 수동형 문장을 나타내는 단어는 여섯 가지다. "be와 by, was, were, been, being." 참고로 "by"는 동사가 아닌 전치사이지만 수동형 문장에 자주 등장한다.

수식 어구

가능하면 a bit와 a little, fairly, highly, just, kind of, most, mostly, pretty, quite, rather, slightly, so, still, somewhat, sort of, very, truly 등의 수식 어구는 문장에서 **뺀다**.

예문: 우리 판매원에게는 할인을 해줄 권한이 없다.

→ Our salespeople are just not authorized to give discounts.

(원래 문장)

→ Our salespeople are not authorized to give discounts.

(더 나은 문장)

예문: 크게 향상되었다.

→ That's quite a big improvement (원래 문장).

→ That's a big improvement (더 나은 문장).

예문: 레이카비크에서 일한 것은 독특한 경험이었다.

→ Working in Reykjavik was a most unique experience (원래 문장).

→ Working in Reykjavik was a unique experience (더 나은 문장).

Unique는 "독특하다"는 뜻이다. 앞에 somewhat이나 rather, quite, very, most를 붙여 독특한 정도를 표현할 수는 없지만 rare나 odd, unusual로 바꿔 쓸 수는 있다.

불필요한 중복

불필요한 중복은 없앤다. 예를 들어 "continued on" 보다는 "continued", "join together" 보다는 "join", "serious disaster"보다는 "disaster", "tall skyscrapers"보다는 "skyscrapers", "past history" 보다는 "history"로 쓴다.

문장의 시작

접속사 "and"나 "or"로 문장을 시작할 수 있을까? 문법상 둘 중 하나로 문장을 시작하면 안 된다는 이야기가 있지만 사실 표준 문어체 영어에서는 둘 다 흔히 쓰이며 널리 받아들여진다. 작가와 기자들 대부분이 이런 방식을 수용했다. "because"로 문장을 시작하는 것도 마찬가지다. 문장 맨 앞에 "as"와 "since"를 쓰는 것처럼 "because"도 동일하게 종속 접속사로 쓰인다면 문장 맨 앞에 올 수 있다.

간격 띄우기: 긴 단락 쪼개기

단락을 연달아 길게 쓰지 않는다. 긴 단락은 가능하면 쪼갠다. 이메일도 마찬가지다. 먼저 한두 문장으로 시작한 뒤 이어지는 단락에서 자세하게 내용을 설명하는 편이 좋다.

간격 띄우기: 마침표 뒤에 두 칸 띄우지 않기

문장 끝의 마침표 뒤는 한 칸만 띄운다. 두 칸을 띄우지 않도록 주의하자. 컴퓨터로 작업할 때는 자동으로 간격 맞춤이 된다.

표에서 간격 띄우기

표를 만들 때 주로 실수하는 것 중 하나가 바로 적절한 칸 띄우기에 관한 것이다. 일단 각 칸 안의 맨 윗줄과 마지막 줄은 비워놓는다. 즉 표를 글자로 빽빽하게 채우지 않도록 주의해야 한다. 또 하나 기억해야 할 것은 표 안에 글머리 기호를 써서 내용을 나열할 경우, 줄맞춤을 해야 한다는 것이다. 즉, 각 글머리 기호 뒤에 나오는 내용들의 시작점을 나란히 맞춰야 한다.

문장의 힘 없는 시작

It is와 there is, there are, there were로 시작하는 문장을 자주 쓰지 않는다. 이런 구조는 문장의 시작을 약하게 만든다. 단락의 첫 문장은 이런 구조로 시작하지 않는 게 좋다.

예문: 개는 햄스터보다 더 좋은 반려동물이다.

→ <u>It is</u> obvious that dogs make better pets than hamsters.

　(원래 문장)

→ Dogs make better pets than hamsters (더 나은 문장).

예문: 식습관을 개선하면 기분이 좋아질 것이다.

→ <u>There is</u> an excellent chance that a better diet will make you feel better (원래 문장).

→ A better diet will make you feel better (더 나은 문장).

A B C

주요
구두법

구어에서는 손 휘젓기나 눈 굴리기, 눈썹 올리기, 강세, 리듬, 억양, 잠시 멈춤, 문장 반복 등 몸짓과 목소리를 이용해 의미를 전달할 수 있다. 하지만 문어에는 이런 소도구들이 없으므로 대신 문장부호가 이 역할을 맡는다. 사실 구두법을 완전히 익히려면 더 많은 공부가 필요하지만, 이 책에서는 실수가 가장 많이 나오는 두 가지 핵심 영역인 쉼표와 세미콜론에 대해서만 이야기하고자 한다.

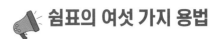 # 쉼표의 여섯 가지 용법

글을 쓰는 사람의 90퍼센트가 75퍼센트의 시간 동안 쉼표를 올바르게 사용한다. 하지만 99퍼센트의 시간 동안 올바르게 사용하는 사람은 1퍼센트에 불과하다. 쉼표는 자주 쓰이는 문장부호이지만 잘못 사용되는 경우가 더 많다. 글의 호흡이 잠시 멈추는 곳마다 쉼표를 찍으라는 조언은 종종 우리를 잘못된 길로 이끈다.

쉼표를 완벽하게 익히는 가장 좋은 방법은 쉼표의 역할을 구분해보는 것이다. 모든 쉼표는 나열의 쉼표, 연결의 쉼표, 괄호의 쉼표, 대조의 쉼표, 생략의 쉼표, 혼동의 쉼표 중 하나의 역할을 담당하고 있다.

나열의 쉼표

항목을 구분하는 역할을 한다. 셋 이상의 항목을 언급할 때는 쉼표를 사용해야 하는데, 이때 and 앞까지만 쉼표를 찍는다. "and"나 "or" 앞의 쉼표 사용에 관한 더 자세한 내용은 '7장: 미국식 영어와 영국식 영어'를 참고하라.

A tostada is usually topped with a variety of ingredients, such as shredded meat or chicken, refried beans, lettuce, tomatoes, and cheese.

토스타다 위에는 보통 잘게 자른 고기나 닭고기, 삶아서 튀긴 콩, 양상추, 토마토, 치즈 등의 다양한 재료를 올린다.

괄호의 쉼표

(1) 문장 중간에 부가적인 정보를 넣을 때 (2) 절이나 구로 문장이 시작될 때 (3) 절이나 구로 문장이 끝날 때 (4) 직접적인 대화 내용을 넣을 때 쉼표를 사용할 수 있다. 이때 쉼표는 '괄호의 쉼표'로써 기능하게 된다.

(1) 문장 중간에 (필수적이지 않은) 부가적인 정보를 넣을 때 쉼표를 사용한다. 만약 중간에 구나 절로 삽입된 내용이 필수적인 것인지 아닌지를 알아보려면, 해당 어구를 생략한 뒤에도 문장의 뜻이 통하는지 살펴보면 된다. 생략했는데도 의미가 통한다면 필수적인 정보는 아니다.

The tale of Genji, written in the eleventh century, is considered

by literary historians to be the world's first novel.
문학 사학자들은 11세기에 쓰인 '겐지 이야기'를 세계 최초의 소설로 여긴다.

The old brick house that is painted yellow is now a historical landmark.
노란색으로 칠해진 오래된 벽돌집은 이제 역사적인 명소다.

The old brick house at O'Claire Point, which we visited last year, is now a historical landmark.
우리가 작년에 방문한 오클레어 포인트의 오래된 벽돌집은 이제 역사적인 명소다.

위의 예문 중 두 번째 문장을 살펴보자. "that is painted yellow"는 글을 쓴 사람이 오래된 벽돌집 중 어떤 것을 설명하고 있는지 규정해준다. 즉 이 구절은 의미를 완성하는 데 필수적인 요소다. 반면 세 번째 예문을 살펴보자. 문장에 삽입된 절 "which we visited last year"를 생략해도 '오클레어 포인트의 오래된 벽돌집이 역사적인 명소'라는 의미는 변함이 없다. 즉 삽입된 내용은 추가적인 정보이므로 쉼표 처리를 했다.

(2) 괄호 기능을 하는 쉼표는 중심 문장(독립절) 앞에 구나 절을 집어넣을 때 사용한다.

Like those of Sir Isaac Newton, the scientific contributions of Albert Einstein have proven monumental.

앨버트 아인슈타인의 과학적 업적이 아이작 뉴튼의 업적만큼이나 엄청나다는 게 입증되었다.

(위 문장의 쉼표는 전치사구 "like those of Sir Issac Newton"과 중심 문장을 구분하는 역할을 한다.)

Having collected rare coins for more than fifteen years, Bill was heartbroken when his collection was stolen in a house burglary.

15년 넘게 희귀한 동전들을 수집해왔던 빌은 집에 도둑이 들어 그의 소장품들이 사라졌을 때 마음이 찢어지게 아팠다.

(쉼표가 분사구 "having collected rare coins for more than fifteen years"와 중심 문장을 구분해준다. 이 분사구는 Bill을 설명하는 형용사 역할을 한다.)

문장 앞에 오는 구가 매우 짧다면 쉼표 사용은 선택사항이다. 다음 예문에서 "at present" 뒤에 쉼표를 찍을지 말지는 글을 쓰는 사람의 선택에 달렸다.

At present we are a crew of eight.

현재 승무원은 여덟 명이다.

(3) 앞의 두 가지 경우만큼 빈번하게 사용되지는 않지만, 중심문장(독립절) 뒤에 오는 필수적이지 않은 구나 절을 묶을 때 쉼표를 사용한다.

I hope we can talk more about this idea during the conference, if time permits.

시간이 허락된다면 나는 회의 중에 이 아이디어에 대해 더 이야기하고 싶다.

("if time permits"는 부가적인 내용이므로, 구 앞에 쉼표를 찍었다. 물론 이 구절을 지워도 여전히 뜻은 통한다.)

They woke up at 6 a.m., when they heard the rooster crowing.

그들은 오전 6시에 수탉 울음소리를 듣고 일어났다.

They woke up when they heard the rooster crowing.

그들은 수탉 울음소리를 듣고 일어났다.

위의 예문 중 두 번째 문장을 살펴보자. 이 문장에서 중심이 되는 내용은 "그들이 오전 6시에 일어났다"는 사실이다. 무엇 때문에 일어났는지는 부수적인 설명이다. 이제 그 다음 문장을 살펴보자. 여기에서는 "when they heard the rooster crowing"가 그들이 일어난 이유에 대해 알려주는 중요한 역할을 담당한다. 이때에는 쉼표를 찍지 않는다.

NOTE ✏️

"Which"로 시작하는 구나 절로 문장이 끝나면 헷갈릴 가능성이 있다.

예: I like that new brand of coffee, which is now on sale.

(나는 지금 세일 중인 신상 브랜드 커피를 좋아한다.)

위와 같은 구나 절은 삽입 어구로 여기므로 "which" 앞에 쉼표를 찍는 것이 일반적이다. 즉, 제한적이거나 필수적인 정보를 담고 있지 않기 때문에 앞에 쉼표를 찍어야 한다. 반면 "That"으로 시작하는 구나 절 앞에는 일반적으로 쉼표를 찍지 않는다. 이런 구나 절은 필수적인 정보를 담고 있다고 보기 때문이다.

하지만 여전히 문제는 남아 있다. 위 문장에서 정말로 쉼표가 필요할까? 특히 이렇게 짧은 문장에도 쉼표를 써야 할까? 만약 위와 같은 글을 고쳐 쓸 때 쉼표를 빼고 싶다면 "which" 대신 "that"을 쓰는 것도 한 가지 방법이다.

---

(4) 화자가 한 말을 직접 인용할 때 (괄호 기능의) 쉼표를 사용한다.

The waitress said, "See you next time."

웨이트리스가 말했다, "또 오세요."

"Thank you," we said.

우리는 "고마워요"라고 말했다.

"마음속의 말" 역시 위와 같은 방식으로 표현한다. 따옴표 안에 넣는 것이 일반적이지만 실제로 말한 내용과 대조를 이루게끔 이탤릭체로 쓸 수도 있다. 아래처럼 인용구를 쓸 때도 동일한 방법을 사용한다.

Was it Robert Frost who wrote, "Good fences make good neighbors"?

"훌륭한 울타리가 훌륭한 이웃을 만든다"고 쓴 사람이 로버트 프로스트였던가?

직접적인 인용문과 단순히 따옴표로 처리한 내용 사이에는 중요한 차이점이 하나 있다. 단순히 따옴표로 처리한 내용이라면 일반적인 문장처럼 쉼표를 참고로 해서 구두점을 찍는다. 문장 속에 끼어드는 속담이나 격언, 금언, 경구, 좌우명을 처리할 때도 이 같은 방법을 사용한다.

The statement "Some cats are mammals" necessarily implies that "Some mammals are cats."

"일부 고양이는 포유류다"라는 서술은 "일부 포유류는 고양이다."라는 의미를 필연적으로 내포한다.

("Some"을 대문자로 시작할지 소문자로 시작할지는 글을 쓰는 사람 마음이다.)

Our manager's favorite saying, "Rein in the nickels," is also his most annoying.

우리 매니저가 좋아하는 "돈을 통제하라"는 말은 그를 가장 성가시게 하는 말이기도 하다.

위의 문장에서 "Rein in the nickels"를 생략해도 문장은 무너지지 않는다.

NOTE ✎

날짜와 주소, (편지나 메모 첫 부분의) 인사말, 맺음말에도 괄호 기능을 하는 쉼표가 쓰인다. 이 경우에는 헷갈릴 가능성이 적으므로 여기서는 다루지 않았다.

연결의 쉼표

And와 but, yet, or, nor, for, so 등의 등위 접속사로 연결된 독립절을 구분할 때 쉼표를 찍는다. (독립절이란 완전한 문장으로 홀로 설 수 있는 절을 뜻한다.)

Susan wants to get her story published, and she wants to have it made into a movie.
수잔은 자신의 이야기가 출판돼서 영화로 제작되길 원한다.

Maurice ate habanero peppers with almost every meal, yet he hardly ever got indigestion.
모리스는 거의 매끼마다 하바네로 고추를 먹었지만 소화불량에 시달린 적은 별로 없었다.

아래 예문은 쉼표를 and 앞에 쓸지 뒤에 쓸지 결정하기가 어려워 까다로울 수도 있는 상황이다.

I'll put together a business plan, and by next week, I'll send it to a few potential investors.
나는 사업계획을 세워 다음 주까지는 몇몇 가능성 있는 투자자에게 보낼 것이다.

앞의 예에서 and 앞에는 연결의 쉼표가 와야 하고 week 뒤에는 괄호의 쉼표가 와야 한다. 즉 "I'll put together a business plan"과 "By next week, I'll send it to a few potential investors"의 완전한 문장 두 개가 있는 상황이다.

만약 "By next week"가 선택적인 구라면, And 뒤에 쉼표를 찍을 수도 있다. 따라서 보기에 좋지는 않지만 "I'll put together a business plan, and, by next week, I'll send it to a few potential investors." 이렇게 써도 오답은 아니다. 물론 이런 식으로는 잘 쓰지 않는다.

Some experts do not believe alcoholism should be called a disease and, moreover, believe that any type of dependency can be cured by identifying and treating its underlying causes.
일부 전문가들은 알코올 중독을 질병으로 여기지 않을뿐더러 어떤 중독이라도 근본적인 원인을 발견하여 해결하면 치유할 수 있다고 믿는다.

완전한 두 문장이 포함되지 않았을 때는 연결의 쉼표를 쓸 수 없다(즉, "believe that any type of dependency can be cured by identifying and treating its underlying causes"는 완전한 문장이 아니다). 하지만 연결어 "moreover"는 부가적인 용어이므로 앞뒤에 쉼표를

찍어야 한다. 달리 말해 "moreover"를 빼고 "Some experts do not believe alcoholism should be called a disease and believe that any type of dependency can be cured by identifying and treating its underlying causes"로 쓸 수도 있다.

완전하지만 매우 짧은 두 문장(독립절)을 등위 접속사로 연결할 때는 연결의 쉼표를 써도 되고 쓰지 않아도 된다.

The rain has stopped and the sun is shining.

비가 그치고 해가 빛난다.

The clouds are gone but it's windy.

구름은 없어졌지만 바람이 분다.

등위 접속사 "and"와 "but"은 각각 완전한 두 문장을 연결한다.

대조의 쉼표

The new music director vowed to take an active, not passive, fundraising role.

새로 온 음악 감독은 소극적이지 않은, 적극적인 자금조달을 약속했다.

She didn't cry from sorrow and pain, but from relief and joy.

그녀는 슬픔과 고통 때문이 아니라 안도와 기쁨 때문에 울었다.

위의 두 문장 모두 대조의 쉼표를 사용할 수 있을 만큼 매우 강한 대조 문구를 포함하고 있다. 하지만 아래 예문에서는 대조의 쉼표를 쓰지 않았다. 대조의 쉼표를 사용할지 여부는 주로 대조의 강도에 따라 달라진다. 강하게 대조하고 싶다면 대조되는 어구들을 구분하기 위한 쉼표가 필요하지만, 적당히 대조할 때는 쉼표의 도움이 필요하지 않다.

A poorer but happier man could not be found.

가난하면서도 행복한 사람은 찾을 수 없었다.

NOTE

"Because"로 문장의 두 부분을 연결할 때 과연 "because" 앞에 쉼표를 찍어야 할까? 이는 논쟁의 여지가 있는 어려운 문제다. 아래 두 예문을 살펴보자.

예: Don't forget to bring an umbrella because it's going to rain out.

(밖에 비가 올 것 같으니 우산 가져오는 것을 잊지 말아라.)

예: To tell those grief-stricken people that we know how they feel is disingenuous, because we don't know how they feel.

(우리는 비탄에 빠진 사람들의 감정을 알지 못하므로 그들에게 기분을 이해한다고 이야기하는 것은 솔직하지 못하다.)

"Because"를 사용할 때마다 항상 그 앞에 쉼표를 찍고 싶어 하는 사람들이 있다. 그들은 "Don't forget to bring an umbrella, because it's going to rain out"이라고 쓰는 쪽을 선호한다. 하지만 더 추천할 만한 방법은 대조나 괄호의 기능일 때만 "because" 앞에 쉼표를 찍는 것이다. 즉 위의 예문에서 "because" 앞에 쉼표를 찍은 것은, 그 문장 속에 강한 대조의 의미가 포함되어 있기 때문이다. 비탄에 빠진 사람들을 이해하고 있다고 생각하지만 실상은 그들의 기분을 알지 못할 가능성이 높다는 것을 강하게 대비시키고 있는 문장이다.

이러한 경우를 제외하고는 대부분 "because" 앞에는 쉼표를 찍을 필요가 없다. 종속 접속사 "because"를 쓰면 문장 안의 생각들이 논리적으로 연결되기 때문에 필수적이지 않은 정보를 담고 있을 가능성이 적어진다(그러므로 괄호의 쉼표가 필요 없다). 또한 "because"라는 말 자체가 어느 정도 대조의 의미를 담고 있으므로 강한 대조가 포함된 문장이 아니라면 대조의 쉼표를 따로 쓸 필요가 없다.

서로 자연스럽게 대조를 이루는 어구들은 쉼표를 사용해 구분한다.

Out of sight, out of mind.

눈에서 멀어지면 마음에서도 멀어진다.

The more you practice, the better you'll get.

더 많이 연습할수록 더 잘하게 될 것이다.

대조의 쉼표는 연이어 쓴 동일한 두 단어를 서로 구분할 때도 쓴다.

This is a great, great ice-cream flavor.

이 아이스크림 맛은 매우 훌륭하다.

Many, many articles have been written about weight loss and weight gain.

체중 감소와 증가를 다룬 기사들은 수없이 많다.

NOTE

문장이 짧으면 상관 접속사 "not only…but (also)"의 두 번째 부분 앞에 대조의 쉼표를 찍지 않는다. 따라서 다음 문장에는 "but" 앞에 쉼표를 쓰지 않는다.

예: Our apartment is not only cheap but centrally located.

(우리 아파트는 도심에 있을뿐더러 값도 싸다.)

긴 문장의 경우에는 상관 접속사의 두 번째 부분 앞에 쉼표를 찍는 것이 일반적이다. 따라서 아래 문장 "but" 앞에 쉼표를 찍을 가능성이 높다.

예: For North Americans, natural gas is not only a cheaper and cleaner petroleum-based fuel, but also a readily available one.

(북미 사람들에게, 천연 가스는 싸고 깨끗한 석유계 연료일 뿐만 아니라, 쉽게 이용할 수 있는 연료다.)

생략의 쉼표

생략된 단어가 있음을 나타낼 때 쉼표를 찍는다. 보통 형용사가 있는 상황에서는 and를 생략한다.

I can't believe you sat through that long, dull, uninspired lecture without once checking your watch.

네가 시계를 한 번도 보지 않은 채, 저렇게 길고, 지루하고, 평범한 강의 내내 자리를 지키고 있었다는 사실이 믿어지지 않는다.

이 문장의 각각의 쉼표를 and로 바꿔 뜻이 통하는지 확인해볼 수 있다.

It was a juicy, ripe mango.
그것은 과즙이 풍부하고 잘 익은 망고였다.

Juicy와 ripe를 구분하려면 쉼표가 필요하다. 만약 쉼표를 빼거나(→It was a juicy ripe mango) 쉼표를 남발하면(→It was a juicy, ripe, mango) 잘못된 문장이 된다. 특히 Ripe 뒤에 쉼표를 찍으면 안 되는데, 쉼표를 and로 대신할 수 없기 때문이다. 즉 "ripe and mango"는 말이 되지 않는다. 수식어와 꾸밈을 받는 명사 사이에는 쉼표를 찍지 않는 것이 원칙이다.

쉼표를 써야 할지 확인해보는 방법은 두 가지다.

첫째, 쉼표 대신 and를 썼을 때도 여전히 뜻이 통하는지 살펴본다(예: It was a juicy and ripe mango).

둘째, 어순을 바꾼 뒤 문장의 뜻이 통하는지 살펴본다(예: It was a ripe, juicy mango).

또한 생략한 단어 대신 쉼표를 찍을 수도 있다.

The first playoff game was exciting; the second, dull.

첫 번째 우승 결정전은 흥미로웠지만 두 번째는 지루했다.

위 문장에서 쉼표는 "playoff game was"를 대신한다. 즉, 이 문장은 사실상 "The first playoff game was exciting; the second playoff game was dull"과 같다.

혼동의 쉼표

혼동을 피하기 위해, 특히 쉼표가 없을 때 독자가 오해할 수 있는 상황이라면 가급적 쉼표를 쓴다.

To Karen, Jane was as heroic a real-life character as could be found in any novel

카렌에게 제인은 소설 속 인물만큼 영웅적인 실존 인물이었다.

위 문장에서 쉼표를 빼고 "To Karen Jane was as heroic a real-life character as could be found in any novel"이라고 쓰면 두 사람의 이름을 한 명의 성과 이름으로 혼동하기 쉽다.

Run, for your life is in danger

당신의 목숨이 위험에 처했으므로 뛰어라.

앞의 문장도 마찬가지다. "Run for your life is in danger"라고 쓰면 "너의 목숨을 위해 달리는 것은 위험하다"라고 뜻을 혼동하기 쉽다.

The speaker said: "On Day 1, I will discuss the reasons for the global increase in diabetes, and on Day 2, I will talk about how to curtail this trend."

연사는 이렇게 말했다: "첫날에는 당뇨병이 전 세계적으로 증가하는 이유에 대해 논의하고, 둘째 날에는 이 추세를 줄이는 방법에 대해 이야기할 것입니다."

만약 위 예문에서 숫자 1, 2와 인칭 대명사 "I" 사이에 쉼표를 찍지 않는다면 의미의 혼동이 발생할 것이다.

각 문장에 사용된 쉼표의 쓰임을 알아보고, 쉼표를 올바르게 사용해보자. 정답은 323쪽에 있다.

1. The Oscar the Emmy and the Tony are three related awards which confuse many people.

2. Emerging from the ruins of the World War II Japan embarked on an economic recovery that can be only viewed in historical terms as astonishing.

3. Every major band requires, a lead singer, a lead guitarist, a bass guitarist, and a drummer.

4. A dedicated empathetic individual can achieve lifetime recognition as a United Nations worker.

5. More than a few people were shocked to discover that a torn, previously worn, pair of Madonna's underwear sold for more money at auction than did a large, splendid, sketch by Vignon.

6. The more he talked with her the more he liked her.

7. The crowded housing tenement, a cluster of rundown, look-alike apartments was the site of the Prime Minister's birthplace.

8. South Africa is famous for her gold and diamonds, Thailand, for her silk and emeralds, and Brazil for her coffee and sugarcane.

9. She reached for the clock, and finding it, hastily silenced the alarm.

10. Josie originally wanted to be a nurse but after finishing university she decided to become a flight attendant instead.

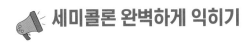 # 세미콜론 완벽하게 익히기

밀접한 연관이 있는 두 문장을 연결할 때 (that is, and, but, yet, or, nor, for, so 등의) 등위 접속사 대신 세미콜론을 쓴다. 여기서 잊지 말아야 할 핵심은 완전한 문장들을 서로 구분할 때만 세미콜론을 쓴다는 점이다. 하나라도 문장이 완전하지 않으면 사용할 수 없다.

예문: 요즘 학생들은 창의적이고 기술을 잘 다루지만 읽기와 쓰기, 연산 등의 기초 분야에는 약하다.

→ Today's students are more creative and technologically savvy, but they are also weaker in the basics of reading, writing, and arithmetic. (O)

→ Today's students are more creative and technologically savvy; they are also weaker in the basics of reading, writing, and arithmetic. (O)

However와 therefore, moreover, nevertheless, consequently 같은 단어로 연결된 독립절 사이에도 세미콜론을 쓴다. 이런 특별한 연결어들을 접속 부사라고 한다.

예문: 여러 과학적 발견들에 대한 공식은 매우 기초적인 것처럼 보이지만 이 공식들 뒤에 숨겨진 밑바탕을 조사해보면 결코 기초적이지 않다.

→ The formulas for many scientific discoveries appear rudimentary; however, when one examines a derivation behind these formulas they do not seem so rudimentary after all. (O)

→ The formulas for many scientific discoveries appear rudimentary, however, when one examines a derivation behind these formulas they do not seem so rudimentary after all. (X)

 **무종지문 피하기**

이제 무종지문을 살펴보자. 무종지문이란 주로 부적절하게 쉼표로 연결된 두 문장을 일컫는다. 무종지문을 고쳐 쓰는 방법에는 아래 예문들처럼 네 가지가 있다. 첫째, 세미콜론으로 두 문장을 연결한다. 둘째, 두 문장을 (and, but, yet, or, nor, for, so 등의) 등위 접속사로 연결한다. 셋째, 마침표로 두 문장을 분리한다. 넷째, 두 문장 중 하나를 종속절로 바꾼다.

예문: 기술은 우리 삶을 편하게 만들었지만 더 복잡하게 만들기도 했다.

(1) 쉼표를 세미콜론으로 바꾼다.

Technology has made our lives easier, it has also made our lives more complicated. (X)

→ Technology has made our lives easier; it has also made our lives more complicated. (O)

⑵ 두 문장을 등위 접속사로 연결한다.

Technology has made our lives easier, and it has also made our lives more complicated. (O)

⑶ 문장을 둘로 분리한다.

Technology has made our lives easier. It has also made our lives more complicated. (O)

⑷ 한 문장을 종속절로 바꾼다.

Even though technology has made our lives easier, it has also made our lives more complicated. (O)

⑷의 경우, 기술이 우리 삶을 더 복잡하게 만들었다는 내용(독립절)에 초점을 맞추면, 우리의 삶을 더 쉽게 만들었다는 사실(종속절)은 부차적인 내용이 된다.

미국식 영어와
영국식 영어

미국식 영어와 영국식 영어는 날로 진화해가는 영어를 이끌고 있는 두 개의 엔진이다. 그밖에 영어를 쓰는 나라들로 알려진 캐나다와 오스트레일리아, 뉴질랜드, 인도, 필리핀, 남아프리카 등은 두 체계 중 어느 한쪽 혹은 둘 다로부터 변형된 형태를 받아들이고 있다. 미국식 영어와 영국식 영어는 문법 면에서는 다르지 않지만 철자와 구두법에 있어서는 각자 독자적인 특징을 지닌다. 이 장에서는 둘의 차이점에 대해 간단히 소개하고자 한다.

 **철자의 차이**

영국에서는 보통 모음으로 시작하는 어미를 붙일 때 마지막 -l을 한 번 더 쓰는 반면 미국에서는 강세가 있는 음절일 때만 한 번 더 쓴다. 예를 들어 미국에서는 counselor와 equaling, modeling, quarreled, signaling, traveled, tranquility로 쓰는 반면 영국에서는 counsellor와 equalling, modelling, quarrelled, signalling, travelled, tranquillity로 쓴다.

Compelled와 excelling, propelled, rebelling 등의 단어는 양쪽 모두 같은 철자를 쓰는데, 이는 -l을 두 번 쓴다는 영국의 법칙과 두 번째 음절의 강세를 지킨다는 미국의 법칙이 일치한 결과다. 또한 영국에서는 자음으로 시작하는 접미사 앞에 -l을 한 번만 쓰는 반면 미국에서는 -l을 한 번 더 쓴다. 따라서 영국인은 enrolment와 fulfilment, instalment, skilful라고 쓰고, 미국인은 enrollment와 fulfillment, installment, skillful라고 쓴다.

명사와 동사가 -ce로 끝나는지 -se로 끝나는지도 헷갈리는 부분 중 하나다. 보통 영국식 영어에서는 명사의 철자를 -ce로 끝내는 반면(예: defence, offence, pretence) 미국식 영어에서는 명사의 철자를 -se로 끝내는 게 대부분이다(예: defense, offense, pretense). 게다가 두 체계 모두 -ce로 끝나는 명사의 경우, 동사형은 -se로 쓰는 명사-동사 구분방식을 유지한다.

advice (명사), advise (동사), advising (동사)

device (명사), devise (동사), devising (동사)

미국식 영어와 영국식 영어의 철자 차이

미국식 영어		영국식 영어	
-ck	check	-que	cheque
-ed	learned	-t	learnt
-er	center, meter	-re	centre, metre
-e 생략	judgment, acknowledgment	-e	judgement, acknowledgement
-st 생략	among, amid	-st	amongst, amidst
in-	inquiry	en-	enquiry
-k	disk	-c	disc
-l	traveled, traveling	-ll	travelled, travelling

-ll	enroll, fulfillment	-l	enrol, fulfilment
-m	program	-mme	programme
-o	mold, smolder	-ou	mould, smoulder
-og	catalog	-ogue	catalogue
-or	color, favor	-our	colour, favour
-s	defense, offense	-c	defence, offence
-z	summarize, organization	-s	summarise, organisation

licence와 practice의 경우 영국인들은 두 단어 모두 "명사-동사 구분방식"을 유지한다. 하지만 미국인들은 license의 경우, license(명사)/license(동사)/licensing(동사)라고 쓰고, licence 또한 변형된 명사 형태로 받아들인다. 나아가 practice의 경우에는 practice(명사)/practice(동사)/practicing(동사)처럼 전부 -c를 쓴다.

# 구두법의 차이

구두법에 있어서, 미국식 영어와 영국식 영어의 주요 차이점들은 다음과 같다.

약어

미국식 영어	영국식 영어
Mr. / Mrs. / Ms.	**Mr / Mrs / Ms**

미국에서는 호칭 뒤에 마침표를 찍고 영국에서는 찍지 않는다.

미국식 영어	영국식 영어
Nadal vs. Federer	**Nadal v. Federer**

미국에서는 '대'의 의미로 "vs."를 쓰고, 영국에서는 '대'의 의미로 "v."를 쓴다. 단 미국에서도 법률 관련 글에는 v.를 약어로 쓴다.

콜론

예문 해석	미국식 영어	영국식 영어
우리는 그 장소를 쉽게 찾았다. 당신의 안내는 완벽했다.	We found the place easily: Your directions were perfect.	We found the place easily: your directions were perfect.

미국에서는 콜론 뒤에 완전한 문장이 따라오는 경우, 첫 단어를 대문자로 시작할 때가 많다. 하지만 영국에서는 콜론 뒤에 완전한 문장이 오더라도 첫 단어를 대문자로 시작하지 않는 쪽을 선호한다.

쉼표

예문 해석	미국식 영어	영국식 영어
그녀는 태양과 모래, 바다를 좋아한다.	She likes the sun, sand, and sea.	She likes the sun, sand and sea.

미국에서는 여러 항목을 나열할 때 "and"나 "or" 앞에 쉼표를 찍는다. 영국에서는 여러 항목을 나열할 때 "and" 앞에 쉼표를 찍지 않는다.

예문 해석	미국식 영어	영국식 영어
(미식축구와 럭비 같은) 접촉 스포츠에서는 육체의 힘과 무게가 분명한 이점이다.	In contact sports (e.g., American football and rugby) physical strength and weight are of obvious advantage.	In contact sports (e.g. American football and rugby) physical strength and weight are of obvious advantage.

약어 "i. e."는 "즉"이라는 뜻이고, 약어 "e. g."는 "예를 들어"라는 뜻이다. 미국식 영어에서는 (약어가 글 속에 쓰였을 때) 두 번째 마침표 뒤에 항상 쉼표를 찍는다. 영국식 영어에서는 두 번째 마침표 뒤에 쉼표를 찍지 않는다.

대시

예문 해석	미국식 영어	영국식 영어
서구 세계에서 가장 오래된 볼로냐 대학은 1088년에 처음으로 학위를 수여했다.	The University of Bologna – the oldest university in the Western World – awarded its first degree in 1088.	The University of Bologna - the oldest university in the Western World - awarded its first degree in 1088.

영국에서는 미국인들이 대시를 선호하는 위치에 하이픈을 사용하기를 좋아한다. 대시의 두 종류에 관한 내용은 '5장: 고쳐 쓰기'에서 찾아볼 수 있다.

따옴표

예문 해석	미국식 영어	영국식 영어
교육을 "채워야 할 그릇"으로 보는 사람도 있고 "일으켜야 할 불"로 보는 사람도 있다.	Some see education as a "vessel to be filled," others see it as a "fire to be lit."	Some see education as a 'vessel to be filled', others see it as a 'fire to be lit'.

미국인들은 큰따옴표를 사용한다. 영국인들은 보통 작은따옴표를 사용한다. 하지만 오늘날에는 영국에서도 큰따옴표를 선호하고 있다.

예문 해석	미국식 영어	영국식 영어
상사는 이렇게 말했다, "고객은 결코 틀리지 않아."	Our boss said, "The customer is never wrong." Or: "The customer is never wrong," our boss said.	Our boss said, "The customer is never wrong." Or: "The customer is never wrong," our boss said.

미국식 영어에서는 마침표와 쉼표를 (거의 예외 없이) 따옴표 안에 함께 넣는다. 영국식 영어에는 두 가지 방법이 있다. 문장 부호가 인용구의 일부라면 따옴표 안에 넣고, 그렇지 않다면 밖에 찍는다. 즉 영국식 영어에서는 대화나 직접 화법이 들어 있지 않는 한

마침표와 쉼표를 따옴표 밖에 찍는다는 뜻이다. 하지만 직접 화법이 포함된 상황에서는 문장 부호도 대화 자체의 일부라고 여기므로 따옴표 안에 넣는다.

> **NOTE** 🖊
>
> 오늘날 영국에서도 작은따옴표를 사용하는 경우는 흔치 않다. 여러 영국 신문과 출판사, 미디어 기업들이 큰따옴표를 사용하는 관행을 따르고 있다.

전통적
글쓰기와
디지털 글쓰기

글을 쓰는 방식에는, 종이에 쓰는 전통적인 방식과 전자 기기를 이용하는 디지털 방식 이렇게 두 가지가 있다. 이때 떠오르는 질문 몇 가지. 만약 기반이 다르다면 글을 쓰는 방식도 서로 달라야 할까? 만약 달라야 한다면 어떻게 다르며, 왜 이런 차이가 발생하는 것일까?

　사실 이것은 답이 없는 질문이기도 하다. 하지만 현실적인 관점에서 볼 때 글쓰기를 통한 의사소통은 매체에 따라 달라지며 앞으로도 그 차이가 지속될 것이라는 점에는 거의 의심의 여지가 없다.

격식을 갖춘 글쓰기와 일상적인 글쓰기

전통적 글쓰기와 디지털 글쓰기의 차이점은, 고정적인 의사소통과 역동적인 의사소통의 차이에서 발생한다. 전자기기를 이용한 의사소통은 말을 통한 의사소통을 대신하기 위해 존재하므로 그만큼 역동적이며 더 일상적이고 덜 구조적인 경향이 있다.

반면 전통적 글쓰기는 격식을 갖춘 글쓰기와 큰 관계가 있다. 격식을 갖춘 글쓰기란 간단히 정의해서 한 명 이상의 독자를 위해 쓰는 여러 단락으로 된 글을 말한다. 길게 쓴 이메일과 편지, 소식지, 신문 기사, 안내책자, 수필, 보고서, 설명서, 책 등이 여기에 속한다.

디지털 글쓰기는 일상적인 글쓰기와 일맥상통한다. 개인적인 혹은 비즈니스 목적의 짧은 이메일이나 문자메시지, 블로그, 마이스페이스와 페이스북, 트위터 등의 SNS에 올리는 글 등이 이에 속한다.

글쓰기에서 격식을 차리지 않는 정도

5단계	문자메시지, 인스턴트 메시지, 마이크로블로그(예: 트위터)
4단계	블로그, 이메일
3단계	편지, 기사, 소식지, 안내책자, 웹사이트, 쪽지, 전단, 슬라이드
2단계	설명서, 업무 보고서, 학술 논문
1단계	보고서, 신문, 잡지, 책 등의 출판된 문서

온라인 글쓰기의 양식 차이

(좋든 나쁘든) 디지털 영역의 글쓰기는 격식을 차리지 않는다. 그 안에서는 짧은 문장, 소문자 쓰기, 철자 축약 등과 같은 자유로운 구두법, 형용사와 부사 축소, 생략과 별표와 감탄부호의 잦은 사용, 이모티콘과 두문자어 사용 등을 쉽게 찾아볼 수 있다.

많은 전통주의자들은 철자를 축약하고 대문자를 쓰지 않는 것에 반대한다. 예를 들어 "12시에 만나서 점심을 먹자"는 문장을 "c u @ 12 - lunch"라고 쓰는 것에 반기를 든다. 하지만 이 메시지가 지닌 격식의 정도를 생각해보자. 만약 친구에게 보내는 문자 메시지라면 격식을 갖춰야 할 이유가 무엇인가? 어차피 한 번 주고받은 후 다시는 보지 않을 문장인데.

하지만 문자 메시지가 아니라 일반적인 설명문이었다면 위와 같은 자유로움은 받아들여지지 않을 것이다. 여기에서 핵심은, 격식을 차리지 않고 글을 쓰는 게 아무 문제가 없더라도 그것이 격식 있는 글쓰기보다 더 뛰어난 것은 아니라는 점이다. 비록 그것이 더 실용적이고, 덜 구조적이고, 더 진정성 있을지라도.

사실 대부분의 독자들은 아주 기본적인 이모티콘과 인터넷 두 문자어만을 이해한다. FYI("For Your Information")와 IMHO("In My Humble/Honest Opinion"), LOL("Laughing Out Loud") 등의 인터넷 문자 정도는 이해하기 쉽다. 하지만 어느 정도까지 이해가 가능할까? 일반적인 이메일 사용자라면 FYEO(For Your Eyes Only)와 PMFJI(Pardon Me For Junping In), IITYWYBMAD(If I Tell You Will You Buy Me A Drink?) 등의 문장을 보면 해독하느라 골치가 아플 것이다. 이모티콘의 경우도 마찬가지여서 실제로 이모티콘 사전이 존재할 정도다. 대부분 "나는 행복하다/재미있다 → :-)", "윙크/재미있는 것 같다 → ;-)", "슬프다 → :-(" 정도는 이해할 수 있을 것이다. 하지만 그밖에 수많은 이모티콘들은 특별한 지식이 없는 사람들에게는 수수께끼처럼 느껴질 게 분명하다.

물론 기술적인 지원의 한계, 자판의 제한 때문에 통용되는 특정한 글쓰기 기법도 있다. 예를 들어 기존 이메일 프로그램에서는 이탤릭체를 쓰거나 밑줄을 그을 수 없었다. 또한 디지털 문서에서는 밑줄 긋기가 하이퍼링크라고 여겨질 수 있으므로 피하는 게 정석이다. 그 대신 특정 어구를 강조할 때는 앞뒤에 별표를 붙이거나 대문자를 쓴다.

만약 어떤 직원이 이메일에 "You won't believe how *smoothly* our morning meeting went"라고 *smoothly*를 강조해서 썼다면 그것은 사실상 회의가 그다지 원활하게 진행되지 않았다는 뜻을 비꼬아서 전달한 것이다.

인터넷상에서 정보를 읽는 방식 역시 쓰는 방식에 영향을 미친다. 인터넷에서는 인쇄된 글을 읽을 때처럼 정보를 한 줄 한 줄 읽지 않는다. 그보다는 스쳐 지나가듯 훑어보다가 특정 정보를 읽기 위해 멈추곤 한다.

당연하게도 단의 너비는 좁아지고(보통 한 줄에 75자를 넘지 않는다) 문장과 단락은 짧아지고, 독자가 정보를 "발견하는 데" 도움이 되는 제목과 부제목의 사용은 빈번해지고, (흑백이든 컬러든) 굵은 글씨체를 자주 쓰게 될 수밖에 없다.

이점

결론적으로 디지털 글쓰기든 전통적 글쓰기든 모든 기반에서 높은 수준의 글쓰기를 고수할수록 우리의 실력은 더 나아질 것이다. 물론 시간과 노력이 필요한 일이긴 하지만, 그것을 통해 훌륭한 글이라는 결과물을 얻을 수 있다. 영어는 계속 진화하고 있고 디지털 혁명이 이에 큰 역할을 하고 있으므로 "좋은" 글쓰기를 위한 장은 언제나 존재할 것이다. 내용이 뛰어나면서도 문법과 철자, 구두법 등 현재 받아들여지는 원칙과 규칙을 잘 지킨 글만이 계속해서 독자들에게 긍정적인 영향을 미칠 것이다.

부록

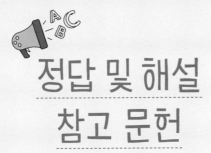

정답 및 해설
참고 문헌

'기본 문법의 세계' 정답 및 해설

Q1: An office clerk and a machinist <u>were</u> present but unhurt by the on-site explosion.

Q2: Eggs and bacon <u>is</u> Tiffany's favorite breakfast.
→ "Eggs"와 "bacon"은 밀접하게 연관되어 있으므로 하나의 단위로 본다.

Q3: In the game of chess, capturing one knight or three pawns <u>yield</u> the same point value.
→ 주어가 복수 "pawns"로 끝나므로 복수형 동사 "yield"가 필요하다.

Q4: A seventeenth-century oil painting, along with several antique vases, <u>has</u> been placed on the auction block.

Q5: The purpose of the executive, administrative, and legislative branches of government <u>is</u> to provide a system of checks and balances.
→ 문장의 주어는 "purpose"이다. 전치사구 "of the executive,

administrative, and legislative branches of government"는 동사 선택에 영향을 미치지 않는다.

Q6: Here <u>are</u> the introduction and chapters one through five.

→ 복합 주어 "introduction and chapters one through five"에는 복수형 동사 "are"가 필요하다.

Q6-1: <u>Are</u> there any squash courts available?

→ 이 문장을 "There are squash courts available"처럼 평서문으로 바꿔서 살펴본다. 평서문으로 바꾸면 주어를 찾기가 훨씬 쉬워지기 때문이다. 주어 squash courts는 복수이므로 복수형 동사 are가 적합하다.

Q7: Entertaining multiple goals <u>makes</u> a person's life stressful.

→ "Entertaining multiple goals"는 문장의 주어(단수) 역할을 하는 동명사구이다.

Q8: One in every three new businesses <u>fails</u> within the first five years of operation.

Q9: Few of the students, if any, <u>are</u> ready for the test.

→ "If any"는 삽입어구이므로 문장의 단/복수 여부에 전혀 영향을 미치지 않는다.

Q10: Some of the story <u>makes</u> sense.

Q10-1: Some of the comedians <u>were</u> hilarious.

Q10-2: None of the candidates <u>have</u> any previous political experience.

→ "None" 대신 "neither"를 쓴다면 "Neither of the candidates <u>has</u> any political experience"로 써야 옳다. "Neither"는 항상 단수로 취급하는 부정 대명사이고, "None"은 문맥에 따라 단수도 될 수 있고 복수도 될 수 있는 부정 대명사이기 때문이다. "None"이 "have"를 취하고 "neither"가 "has"를 취한다는 게 특이점이다.

Q11: Either Johann or Cecilia <u>is</u> qualified to act as manager.

Q11-1: Neither management nor workers <u>are</u> satisfied with the new contract.

Q12: Our group <u>is</u> meeting at 6 p.m.

Q12-1: A group of latecomers <u>were</u> escorted to their seats.

Q13: The number of road accidents <u>has</u> decreased.

Q13-1: A number of train accidents <u>have</u> occurred.

Q14: Fifty percent of video gaming <u>is</u> having great reflexes.

Q14-1: Two-thirds of their classmates <u>have</u> wakeboards.

Q15: Ten dollars <u>is</u> an average daily wage for many people in the developing world.

Q16: The present is from Beth and <u>her</u>.

Q16-1: Cousin Vinny and <u>he</u> are both valedictorians.

Q17: Between you and <u>me</u>, this plan makes a lot of sense.

→ 대명사 "me"(대명사 "I"의 목적격)가 전치사 "between"의 직접

목적어가 된다.

Q17-1: Do not ask for <u>whom</u> the bell tolls.

→ 대명사 "whom"(대명사 "who"의 목적격)이 전치사 "for"의 직접
목적어이다.

Q17-2: People like you and <u>me</u> should know better.

→ 전치사 "like" 뒤에는 대명사의 목적격 "me"가 와야 한다.

Q18: My nephew is taller than <u>I</u>.

→ 맞는지 확인하기 위해 아래처럼 주격 뒤에 동사를 넣어본다.

: My nephew is taller than <u>I am</u>.

Q18-1: We skate as fast as <u>they</u>.

→ 아래처럼 주격 뒤에 동사를 넣어서 맞는지 확인해보자.

: We skate as fast as <u>they do</u>.

Q18-2: During our group presentation, our teacher asked you
more questions than <u>me</u>.

→ 다음과 같이 "me" 앞에 생략된 부분을 임의적으로 넣어서 답이
맞는지 확인해보자.

: During our group presentation, our teacher asked you more questions than <u>she or he asked me</u>.

Q19: The woman <u>who</u> is responsible for pension planning is Mrs. Green.

Q19-1: This gift is intended for <u>whom</u>?

Q20: The tour leader told Julie and <u>me</u> to turn off our cell phones.

Q20-1: Young Robert hurt <u>himself</u> while climbing alone.

Q21: A not-for-profit, like any other organization, has <u>its</u> own rules and regulations to follow.

Q21-1: Everybody should mind <u>his or her</u> own business.

Q22: Sam never argues with his father when <u>Sam</u> is drunk.

→ "Sam never argues with his father when he is drunk"라는 원래 문장은 문법적으로는 옳지만 문맥상으로는 모호하다. 샘이 취했을 때를 말하는지 그의 아버지가 취했을 때를 말하는지 명

확하지 않기 때문이다. 물론 대명사는 앞에 오는 가장 가까운 명사를 꾸미기 때문에 대명사 "he"는 명사 "father"를 수식하는 게 맞지만, 위 문장은 좀 더 명확하게 써줄 필요가 있다. 가장 직접적인 방법은 대명사 "he"를 가리키고자 하는 명사, 즉 Sam 으로 바꾸는 것이다. 또 다른 방법은 "When he is drunk, Sam never argues with his father"처럼 문장 구조를 바꾸는 것이다.

Q23: To know that a person can't vote is to know that he or she doesn't have a voice.

→ "Person"이 3인칭 명사이므로 정답은 이에 어울리는 3인칭 대 명사여야 한다. 아래 문장들도 정답이 될 수 있다.

: To know that a person can't vote is to know that a person doesn't have a voice.

: To know that a person can't vote is to know that one doesn't have a voice.

Q23-1: One cannot really understand another country until one has studied its history and culture.

→ 답으로 3인칭 단수를 써야 옳다. 즉 "one has"외에도 "a person has", "he has", "she has", "he or she has" 등이 답으로 올 수 있 다. 특히 "he or she has"를 선택하면 성별의 중립성이 유지되

므로 정치적으로도 옳다.

반면 "they"의 경우에는 3인칭 복수 대명사이므로 대명사의 불일치 혹은 관점의 변화가 일어난다. 만약 문장을 고쳐 쓸 수 있다면 아래 문장도 정답이 될 수 있다.

1) You cannot really understand another country unless you have studied its history and culture.

(여기에서는 2인칭 대명사 "you"를 다시 2인칭 대명사 "you"로 받았다.)

2) We cannot really understand another country unless we have studied its history and culture.

(여기에서는 1인칭 복수 대명사 "we"를 다시 1인칭 복수 대명사 "we"로 받았다.)

Q24: He frequently told her he wanted to marry her.

Q24-1: The janitor was surprised to find termites coming out of the wood.

Q25: After writing the introduction, I easily drafted the rest of the report.

Q25-1: Walking along the shore, <u>the couple</u> could see fish jumping in the lake.

Q26: She said she had <u>a copy of the map</u> lying in her office.

Q27: In addition to building organizational skills, <u>I also honed my team-building skills during the summer internship</u>.

Q27-1: An incredibly complex mechanism, <u>the brain</u> has some 10 billion nerve cells.

Q27-2: <u>On the basis of our observations, we believe the project will succeed.</u>

→ 일단 원 문장에 "our observations"이라는 말이 있으므로, 그에 상응하는 인칭 대명사가 와야 한다. 따라서 원 문장에 있던 "the project" 대신 그 자리에 "we"가 와야 한다는 것을 알 수 있다. 또한 "we"가 물리적으로 "observations" 위에 서 있거나 붙어 있을 수 없으므로 원 문장에 있던 "based on"이란 표현은 옳지 않다. "On the basis of"가 어법에 맞는 표현이다. 일반적으로 "based on"은 사람과 함께 쓰기에는 부적합하지만, "a movie based on a book"처럼 생명이 없는 사물과 함께 쓸 때는 괜찮다.

Q28: In the summer before college, Max <u>waited</u> tables, <u>sold</u> magazines, and even <u>delivered</u> pizzas.

Q29: Our neighbors went <u>to</u> London, Athens, and Rome.

Q29-1: Our neighbors went <u>to</u> London, <u>to</u> Athens, and <u>to</u> Rome.

Q30: Jonathan <u>likes not only</u> rugby <u>but also</u> kayaking.

→ 여기에서는 동사 "likes"가 상관 접속사 "not only…but also" 앞에 오며 "rugby"와 "kayaking"이 병치 구조를 이룬다.

Q30-1: Jonathan <u>not only likes</u> rugby <u>but also likes</u> kayaking.

→ 여기에서는 동사 "likes"가 "not only…but also" 구조의 각 부분 뒤에서 반복되고 있다. 따라서 "likes rugby"와 "likes kayaking"이 병치 구조를 이룬다.

Q31: <u>To examine</u> the works of William Shakespeare – his plays and poetry – is <u>to marvel</u> at one man's seemingly incomparable depth of literary expression.

→ 부정사 "to examine"과 "to marvel"이 병치 구조를 이룬다.

Q32: In the Phantom of the Opera play, the music <u>is</u> terrific and the stage props <u>are</u> superb.

→ 동사가 ("is"와 "are"로) 서로 다르므로 모두 적어야 한다.

> **NOTE** ✎
>
> 생략의 규칙에 따라 단어를 생략할 수도 있고 생략하지 못할 수도 있다. 하지만 "Paris <u>is</u> a large and <u>is</u> an exciting city"라고 말할 필요는 없다. 문장의 모든 동사(즉, "is")가 동일하므로 두 번 쓸 필요 없이 "Paris is a large and an exciting city"라고 하면 된다. 하지만 관사 "a"와 "an"은 서로 다르므로 반드시 각각 써주어야 한다. 위 문장에서 뒷부분의 "an"을 생략해서 "Paris is a large and exciting city"로 쓰면 틀린 문장이 된다.

Q32-1: The defendant's own testimony on the stand neither contributed <u>to</u> nor detracted from his claim of innocence.

→ 전치사가 서로 다르므로 둘 중 하나를 생략할 수 없다.

> **NOTE** ✎
>
> 다른 예를 한번 더 보자. "The Elements of Style <u>was written by</u> William Strunk, Jr., and <u>was written by</u> E. B. White"라는 문장은 동사형 "was written"과 전치사 "by"가 두 작가 모두에게 적용되므로 간단히 "The

Q33: Between Tom and Brenda, Tom is <u>better</u> at math.

Q33-1: Among our group, Jeff is the <u>wealthiest</u> person.

Q33-2: Of all the roses grown in our neighborhood, Chauncey Gardiner's grow the <u>most</u> vigorously.

Q33-3: Chauncey Gardiner's roses grow <u>more</u> vigorously than any other in the neighborhood.

Q34: Tokyo's population is greater than the <u>population</u> of Beijing.

Q34-1: Tokyo's population is greater than Beijing's <u>population</u>.

Q34-2: Tokyo's population is greater than that of <u>Beijing</u>.
→ 위의 예에서 지시대명사 "that"은 "the population"을 대신하므

로 실제로는 "Tokyo's population is greater than <u>the population of Beijing</u>"이 된다.

> **NOTE** ✎
>
> "Tokyo's population is greater than <u>that of Beijing's</u>."는 틀린 문장이다. 이 문장은 "Tokyo's population is greater than the population of Beijing's (population)."이라고 쓰는 것과 같다.

Q34-3: Tokyo's population is greater than <u>Beijing's</u>.

또 다른 정답: Tokyo's population is greater than <u>Beijing's population</u>.

또 다른 정답: Tokyo's population is greater than <u>that of Beijing</u>.

또 다른 정답: Tokyo's population is greater than <u>the population of Beijing</u>.

Q34-4: Of all the countries contiguous to India, <u>Pakistan has the most strongly defended borders</u>.

→ "Of all the countries contiguous to India, <u>the borders of Pakistan are most strongly defended</u>"는 올바른 답이 아니다.

Q35: The attention span of a dolphin is greater than <u>that of</u> a chimpanzee.

Q35-1: The requirements of a medical degree are more stringent than <u>those of</u> a law degree.

Q35-2: Like <u>those of</u> many politicians, the senator's promises sounded good but ultimately led to nothing.

→ 위의 방법 대신 "like the promises of"를 써서 "Like <u>the promises of</u> many politicians, the senator's promises sounded good but ultimately led to nothing"으로 표현할 수도 있다. 빈칸 채우기 문제가 아니라면 "Like many politician's promises, the senator's promises"도 가능하다.

Q36: No one hits home runs <u>like</u> Barry Bonds.

→ "Like Barry Bonds"는 구이다. 구는 동사가 없는 단어들의 집합이다.

Q36-1: No one pitches <u>as</u> Roy Halladay does.

→ "As Roy Halladay does"는 절이다. 절은 동사를 포함한 단어들의 집합이다.

Q37: My dog barks when he <u>sees</u> my neighbor's cat.

→ 단순 현재 시제 "barks"와 단순 현재 시제 "sees"가 일치한다.

Q37-1: Yesterday afternoon, smoke <u>filled</u> the sky and sirens sounded.

→ 단순 과거 시제 동사 "filled"와 단순 과거 시제 동사 "sounded"가 일치한다.

Q37-2: Tomorrow, we <u>will go</u> to the football game.

Q38: We are raising money for the new scholarship fund. So far we <u>have raised</u> $25,000.

Q38-1: By the time I began playing golf, I <u>had played</u> tennis for three hours.

→ 과거에 일어난 두 사건 중 테니스를 치는 행위가 골프를 치는 행위보다 먼저 일어났다.

Q38-2: Larry <u>had studied</u> Russian for five years before he went to work in Moscow.

→ 과거 완료 시제는 조동사 "had"와 동사의 과거분사(위의 경우에

는 "studied")를 이용하여 만든다. 과거 완료 시제는 과거에 일어난 두 사건의 순서를 명확히 보여준다. 여기에서는 래리가 러시아어를 공부한 후에 모스크바에 간 것이 분명하다.

여기서 질문! 아래 두 문장의 차이점은 무엇일까?

① Larry had studied Russian for five years before he went to work in Moscow.

② Larry studied Russian for five years before he went to work in Moscow.

문법 전문가들은 대부분 ①번을 올바른 문장이자 더 좋은 선택으로 본다. 하지만 ②번 문장도 동일하게 옳다고 주장하는 전문가들도 있다. ②번 문장에는 두 개의 과거 시제 동사("studied"와 "went")와 함께 때를 나타내는 단어 "before"가 들어 있다. 1번 문장처럼 과거 완료를 나타내는 "had"와 (before, after, previously, prior, subsequently 등의) 때를 나타내는 단어를 함께 쓰면 불필요한 중복이 생기므로 과거에 일어난 두 사건의 순서가 명확하다면, 특히 때를 나타내는 단어가 그 역할을 하고 있다면 과거 완료 시제 사용은 선택사항이라고 주장할 수도 있다.

"Had"의 사용을 둘러싼 혼동을 없애기 위해 이 단어의 주요 쓰임을 살펴보자.

① "have"의 과거형으로써 실질적인 동사로 기능한다.

"had"는 실질적인 동사로 쓰이며 "have"의 과거 시제 기능을 한다.

  예: I had 500 dollars.

위의 예에서 "had"는 "소유하다"는 뜻의 동사이다. 하지만 아래처럼 "경험하다" 혹은 "겪다"는 뜻의 동사로도 기능한다.

  예: I had a bad headache.

혹은 "to"와 결합해서 "~해야 한다"는 뜻의 동사로도 쓰인다.

  예: I had to go to the store today to get some medicine for my
      mother.

② 조동사로 쓰인다.

"had+과거분사" 형태로 과거 완료 시제를 만든다.

가정법을 만들 때도 쓰인다.

  예: I wish I had done things differently

조건문에도 쓰인다.

"If I had known then what I know now, things might have been
different.

특히 "Had had"처럼 had를 연이어 쓰는 상황은 종종 혼동을 일으킬 수 있다. 과거 완료 시제는 조동사 "had"에 동사의 과거분사를 합쳐 만들기 때문에, 만약 동사가 "had"라면 과거 완료 시제는 "had(조동사)+had(동사의 과거 분사형태)"가 된다.

예: By the time he turned twenty-five, he had had six different jobs.

위의 예문에서는 여섯 가지 직업을 거쳤던 과정이 스물다섯 살이 되는 상황보다 먼저 발생했으므로 사건의 순서가 명확해지도록 과거 완료 시제를 썼다. "Had"가 두 개 들어가는 상황을 피하는 한 가지 방법은 가능할 경우 동사를 바꾸는 것이다. 여기에서는 "By the time he turned twenty-five, he had worked at six different jobs"로 바꿔 쓸 수 있다.

우리가 자주 저지르는 실수 중 하나는 "had"를 과거 시제 동사 앞에 놓는 것이다. 실제로 "had"를 과거 시제와 연관 지어 과거 동사 앞에 "놓는" 사람들이 많다. 아래 두 문장을 살펴보자.

1) "He worked in the diplomatic corps."

2) "He had worked in the diplomatic corps."

문법상 첫 번째 문장만 옳다. 일상에서 쓰는 말임에도 불구하고 두 번째 문장은 (홀로 쓰일 경우) 문법적으로 옳지 않다. 1번 문장은 단순 과거 시제이다. 과거 특정 기간 동안 외교단에서 일했지만 지금은 일하지 않는다는 뜻이다. 2번 문장은 가볍게 들으면 1번 문장과 의미가 거의 동일하게 느껴진다. 실제로 일상적인 대화에서 사람들은 1번 문장보다 2번 문장을 더 선호하기도 하는데, 듣기에 더 좋기 때문인 것 같다.

이런 혼동을 피하려면 불필요한 "had"를 생략하는 습관을 들이는 게 좋다. "I had thought a lot about what you said"로 쓰는 대신 "I thought a lot about what you said"로 쓴다. 과거 시제 동사는 자신의 역할을 위해 조동사 "had"의 도움을 받을 필요가 없다.

아래의 짝 지은 문장들도 한번 살펴보자.

1) They <u>went</u> to Santa Catalina Island many times.

They <u>had gone</u> to Santa Catalina Island many times.

2) She <u>grew</u> her hair long.

She <u>had grown</u> her hair long.

3) He <u>was</u> a civil servant.

He <u>had been</u> a civil servant.

뜻이 명확해지도록 각각의 "두 번째" 문장에 전후사정을 추가하면 타당한 과거 완료 시제 예문으로 사용할 수 있다. 아래가 좋은 예이다.

· Before moving to Oregon, they had gone to Santa Catalina

Island many times.

· By the time she entered high school, she had grown her hair long.

· He had been a civil servant until deciding to start his own business.

과거 시제를 대신해서 과거 완료를 "적용"하는 현상과 비슷하게 현재 완료를 "적용"하는 경우도 있다. 아래 세 문장을 살펴보자.

1) I have misplaced my car keys.

2) I misplaced my car keys.

3) I had misplaced my car keys.

2번 문장은 단순 과거 시제로, 논리적으로 볼 때 문법상 유일하게 올바른 문장이라고 할 수 있다. 3번 문장은 과거 완료 시제 "적용"의 예로 과거 시제가 필요한 곳에 과거 완료 시제를 썼다. 일반적으로 쓰이는 표현이지만 앞서 이야기한 것처럼 엄밀히 따지면 옳지 않은 문장이다. 1번 문장은 현재 완료 시제 "적용"의 예이다. 하지만 실제로 자동차 열쇠를 잘못된 곳에 놓아두었다면 현재 시제가 아닌 단순 과거 시제를 사용해야 한다. 그럼에도 불구하고 많은 사람들이 이것을 혼용해서 사용하는 이유는 무엇일까? (현재 완료 시제인) "Have misplaced"를 쓰면 사건이 얼마 전에 일어난 것처럼 느껴지고, (과거 시제인) "Misplaced"를 쓰면 사건이 더 먼 과거의 특정 시점에 일어난 것처럼 느껴지고, (과거 완료 시제인) "Had misplaced"를 쓰면 사건이 아주 먼 과거의 특정 시점에 일어난 것처럼 느껴지기 때문이다. 그러한 느낌적인 차이 때문에 구어에서는 종종 이 세 가지를 혼용해서 쓰고, 그것이 문어에도 영향을 미친다.

즉, 과거 완료를 "적용"하는 현상과 현재 완료를 "적용"하는 현상 모두 일상적인 글쓰기와 말하기 분야에서 매우 단단하게 자리 잡았다. 따라서 위에 언급한 세 문장처럼 시제를 서로 바꿔 쓴 비슷한 예문들을 만날 가능성이 높다.

Q38-3: By the time evening arrives, we <u>will have finished</u> the task at hand.

Q39: Sometimes she wishes she <u>were</u> on a tropical island having a drink at sunset.

→ 소망을 표현하는 문장이다. "Was"가 아닌 가정법 동사 "were"가 옳은 선택이다.

Q39-1: If I <u>were</u> you, I would be feeling quite optimistic.

→ 실제와 반대되는 가상의 상황을 나타낸다. "Was"가 아닌 "were"

가 옳은 선택이다.

Q40: If economic conditions further deteriorate, public
confidence will plummet.

→ 확실한 미래 사건에는 "will"을 쓰는 게 옳다. 원래 문장은 명백
히 미래를 이야기하고 있다. "If x happens, then y will happen"
의 형태로 쓰였다.

Q40-1: If economic conditions were to further deteriorate, public
confidence would plummet.

→ "Were"가 "would"와 짝을 이루고 있으면 가정법이다.

Q40-2: If my taxes are less than $10,000, I will pay that amount
immediately.

→ 확실한 미래의 사건을 이야기할 때는 "will"을 써야 한다.

Q40-3: If oil were still abundant, there would be no energy crisis.

→ 이 상황은 명백히 현실과 반대되는 상황이다. 실제로 석유는
풍부하지 않으며 에너지 위기는 존재한다. 따라서 가정법을 나
타내기 위해 "were"와 "would"를 썼다.

Q41: (B) <u>Every one</u> of the makeup exams is tough, but anyone who misses a scheduled test with good cause is entitled to write one.

→ Anyone과 any one은 서로 바꿔 쓸 수 없다. Anyone은 "누구나"를 뜻하는 반면 any one은 "하나의 사람이나 사물"을 뜻한다. 마찬가지로 everyone과 every one도 서로 바꿔 쓸 수 없다. Everyone은 "집단 안의 모두"를 뜻하는 반면 every one은 "각각의 사람"을 뜻한다.

Q42: (B) The green book, <u>which</u> is on the top shelf, is the one you need for math. The book <u>that</u> is red is the one you need for grammar.

→ 제한적이지 않은 (필수적이지 않은) 구나 절에는 which를 쓰고 제한적인 (필수적인) 구나 절에는 that을 쓰는 것이 일반적이다. 제한적이지 않은 구 앞뒤에는 보통 쉼표를 찍는 반면 제한적인 구에는 쉼표를 찍지 않는다. "Which is on the top shelf"는 제한적이지 않은 (필수적이지 않은) 구이다. 따라서 생략이 가능하며 그래도 문장의 뜻은 통할 것이다. "That is red"는 제한적인 (필수적인) 구이다. 생략할 수 없다. 생략하면 문장의 뜻이 통하지 않는다.

Q43: (A) Let's cherish the poem "In Flanders Fields." Remembering

those who fought for our freedom lets us live easier.

→ Let's는 "let us"의 축약형이고 lets는 "허락하다" 혹은 "허용하다"

는 뜻의 동사이다. 이 문장은 다음과 같이 바꿔 쓸 수도 있다.

Let us cherish the poem "In Flanders Fields." Remembering

those who fought for our freedom allows us to live easier.

Q44: (C) Once we turn these dreaded assignments in to the

professor's office, we'll feel a lot less obliged to pass

information on to our classmates.

→ Into와 in to는 서로 바꿔 쓸 수 없다. 마찬가지로 onto와 on to

도 서로 바꿔 쓸 수 없다. 예를 들어 'Turning assignments into

the professor's office'는 마법사나 할 수 있는 일이다! 그리고

'Passing information onto our classmates'는 물리적으로 정보

를 친구들에게 올려놓는다는 뜻이다.

Q45: (C) The McCorkendales didn't use to fancy warm weather,

but that was before they moved to Morocco and got used

to summer temperatures as high as 35 degrees Celsius.

→ 발음할 때는 "used to"의 "d" 발음이 들리지 않기 때문에 구어

에서는 "used to"와 "use to"를 서로 바꿔 쓸 수 있지만 격식을

갖춰 글을 쓰는 경우에는 해당되지 않는다. 습관적인 행동을 가리킬 때는 used to를 써야 한다.

예: We used to go to the movies all the time.

하지만 did와 결합할 때는 "use to"를 써야 한다. 주로 의문문이나 부정문에 쓴다.

예: Didn't you use to live on a farm?

I didn't use to daydream.

Q46: (A) A choice must be made between blue and green.

→ 관용표현: Between X and Y

Q47: (A) Many doctors consider stress a more destructive influence on one's longevity than smoking, drinking, or overeating.

→ Consider(ed) 뒤에 직접 목적어를 써서, 그것이 어떤 사람이나 조직에게 일정한 특성을 나타낸다는 의미로 쓸 때는 consider/considered 뒤에 "to be"(또는 "as")를 쓰지 않는다. "Stress"는 동사 consider의 직접 목적어로 기능하며 스트레스의 특성은 "destructive influence"이다.

Q48: (C) At first women were considered to be at low risk for HIV.

→ Consider(ed)가 "~라고 믿는" 혹은 "~라고 생각하는" 뜻일 때는

consider/considered 뒤에 "to be"가 따라온다.

Q49: (B) Many credit Gutenberg with having invented the printing press.

→ 관용표현: Credit(ed) X with having

Q50: (A) In the movie Silence of the Lambs, Dr. Hannibal Lecter is depicted as a brilliant psychiatrist and cannibalistic serial killer who is confined as much by the steel bars of his cell as by the prison of his own mind.

→ 관용표현: Depicted as

Q51: (B) Only experts can distinguish a masterpiece from a fake.

→ 관용표현: Distinguish X from Y

Q52: (B) Although doctors have the technology to perform brain transplants, there is no clear evidence that they can do so.

→ 관용표현: Do so

Q53: (A) In comparison to France, Luxembourg is an amazingly small country.

→ 관용표현: In comparison to

Q54: (A) Roger Federer won Wimbledon with a classic tennis style, <u>in contrast to</u> Bjorn Borg, who captured his titles using an unorthodox playing style.

→ 관용표현: In contrast to

Q55: (C) There is <u>more</u> talk of a single North American currency today <u>than</u> ten years ago.

→ 관용표현: More…than / (Less…than)

Q56: (B) I <u>prefer</u> blackjack <u>to</u> poker.

→ 관용표현: Prefer X to Y

Q57: (A) Rembrandt is <u>regarded as</u> the greatest painter of the Renaissance period.

→ 관용표현: Regarded as

Q58: (A) The speaker does a good job of <u>tying</u> motivational theory <u>to</u> obtainable results.

→ 관용표현: Tying X to Y

'핵심 문제로 문법 다지기' 정답 및 해설

1. Vacation(★)

정답: D

D) <u>Neither Martha nor her sisters are going on vacation.</u>

마사와 그녀의 자매들 모두 휴가를 떠나지 않을 것이다.

유형: 주어-동사의 일치

난이도: 하

설명: 상관 접속사, 즉 "either/or"와 "neither/nor"를 다룬 문제로 단수형 혹은 복수형 동사 사용에 관한 내용도 들어 있다. (A부터 E까지) 일관되게 "neither"가 등장하므로 "neither…nor" 관계에 관한 문제임을 알 수 있다.

A와 B는 명백히 답이 아니다. 동사가 "Nor" 바로 뒤에 오는 명사와 일치해야 한다. D의 "her sisters"가 복수이므로 복수형 동사 "are"가 옳다.

요약하면 "or"나 "nor" 뒤에 오는 단수 주어는 언제나 단수형 동사를 취하고, 복수 주어는 복수형 동사를 취한다. 다른 방식으로 설명하자면 두 항목이 "or"나 "nor"로 연결되었을 때는 동사를 가까이 있는 주어에 일치시킨다. 즉, 동사를 "or"나 "nor" 뒤에 오는 주어에만 일치시켜야 한다는 뜻이다.

따라서 가능한 정답은 두 가지이다.

① Neither Martha nor her sisters are going on vacation.

② Neither her sisters nor Martha is going on vacation.

둘 중 첫 번째 문장만 선택지에 있다.

2. Leader(★)

정답: A

A) The activities of our current leader <u>have led to a significant increase in the number of issues relating to the role of the military in non-military, nation-building exercises</u>.

현 지도자의 행보로 인해 민간 국가 건설 활동에서 군이 맡은 역할에 관한 쟁점의 수가 크게 늘었다.

유형: 주어-동사의 일치

난이도: 하

설명: 주어-동사의 일치에 관한 문제로 주어와 동사를 헷갈리게 만드는 전치사 구를 다룬다.

문장의 주어에 따라 동사가 결정되는데 (즉, 단수 주어는 단수형 동사를 취하고 복수 주어는 복수형 동사를 취한다.) 이 문장의 주어는 "activities"(복수)이다. 중간에 삽입된 구 "of our current leader"는 전치사 구로 이 안에는 문장의 주어가 포함될 수 없다. 머릿속으로 이 구를 한번 지워보자. 주어가 "activities"이므로 동사는 "has"가 아닌 "have"이다. 또 구별해야 할 것은 "number"와 "amount"의 차이다. "number"는 셀 수 있는 대상에, "amount"는 셀 수 없는 대상에 쓴다. 따라서 A를 정답으로 고르기까지 두 가지 규칙만 적용하면 된다. 첫째는 주어-동사의 일치이고 둘째는 어휘 "number"와 "amount"의 구별이다. B와 D의 절 "has/have been significant in the increase"는 어색할 뿐 아니라 수동형이다.

3.Marsupial(★★)

정답: D

D) According to scientists at the University of California, the pattern of changes that have occurred in placental DNA over the millennia <u>indicates that every marsupial alive today might be a descendant of a single female ancestor that</u> lived in Africa sometime between 125 and 150 million years ago.

캘리포니아 대학교 과학자들에 의해서, 1,000년 동안 태반의 DNA에 나타난 변화의 양상을 살펴본 결과 현존하는 모든 유대동물(주머니에 새끼를 넣어 다니는 동물)은 1억 2천 5백만 년 전부터 1억 5천만 년 전에 아프리카에 살았던 한 암컷 종의 후손일 수도 있다는 가능성이 제기됐다.

유형: 주어-동사의 일치

난이도: 중

설명: 이 문항 역시 주어-동사의 일치에서 전치사 구의 역할을 강조하는 문제이다.

문장의 주어가 단수인 "pattern"이므로 단수형 동사 "indicates"를 쓴다.

A와 B가 답이 아닌 또 다른 이유는 똑같은 뜻을 지닌 "might"와 "possibility"를 불필요하게 중복했기 때문이다. "possibility" 또는 "might" 중 하나만 써야 한다. 또한 "may"보다는 "might"가 "가능성"을 나타내므로 D처럼 "may"보다 "might"를 사용하는 쪽이 낫다. 과거 사건을 가리킬 때도 "might"가 옳다. D와 E 중에서는 관용 표현 "descendant of"가 관용 어법에 어긋나는 "descendant from"보다 낫다. 마지막으로 B와 C의 경우, 단순 과거 시제가 옳으므로 "lived"의 조동사 "had"를 지워야 한다. 과거 완료 시제는 과거에 일어난 어떤 동작보다 더 먼저 일어난 동작을 가리킬 때 쓴다.

> **NOTE** ✎
>
> 이 문제는 2번 문항을 보충하는 문제다. 앞 문제는 주어가 복수형("activities")이고 전치사 구에 단수인 대상("current leader")이 들어 있다. 3번 문제는 주어가 단수형("pattern")이고 전치사 구에 복수인 대상("changes")이 들어 있다.

4. Critics' Choice(★★)

정답: A

A) <u>In this critically acclaimed film, there are a well-developed plot and an excellent cast of characters.</u>

비평가들의 극찬을 받는 이 영화는 구성이 탄탄하고 배우 캐스팅이 훌륭하다.

유형: 주어-동사의 일치

난이도: 중

설명: 문장의 주어가 동사 앞이 아닌, 동사 뒤에 오는 "there is / there are" 구조에 관한 문제다. 복합 주어 "well-developed plot <u>and</u> an excellent cast of characters"는 복수이므로 복수형 동사 "are"가 필요하다.

B와 C, E는 올바르지 않은 동사 "is"를 썼으므로 정답이 아니다. 또한 C와 D가 취한 우회적인 구조는 "in this critically acclaimed film"보다 좋지 않다. 게다가 D는 수동형 구조인 "which has been critically acclaimed"를 썼다. E는 문장을 재배열했지만 여전히 동사형 "is"가 잘못되었다.

5. Recommendations(★★)

정답: A

A) <u>Implementing the consultants' recommendations is</u>

expected to result in both increased productivity and decreased costs.

컨설턴트의 권고 사항을 적용함으로써 생산성 향상과 비용 절감 효과가 나타날 것이라고 기대한다.

유형: 주어-동사의 일치

난이도: 중

설명: 동명사 구가 문장의 주어 역할을 할 때는 언제나 단수임을 강조하는 문제다. 동명사 구 "Implementing the consultants' recommendations"는 문장의 주어이다. 동명사 구는 언제나 단수이므로 여기에서 올바른 동사는 "is"이다.

C의 "expected result"에는 동사 "is"가 필요한 반면, D의 "expected results"에는 동사 "are"가 필요하다. E의 "it is" 구조는 문장의 첫 부분을 불필요하게 약화시키고 문장 양식을 어색하게 만든다.

6. Valuation(★★★)

정답: E

E) Because Internet companies are growing and seldom have ascertainable sales and cash flows, financial formulas for valuing these companies do not apply to them in the same

way as to traditional businesses.

기업의 평가도구인 재정 공식을 전통적 기업에 적용하는 것처럼 인터넷 기업에 똑같이 적용할 수는 없다. 왜냐하면 그 기업들은 성장하는 중인데다 판매 실적이나 현금 유동성을 정확하게 확인하기가 어렵기 때문이다.

유형: 대명사의 쓰임

난이도: 상

설명: 인칭 대명사를 쓸 때 생기는 모호함을 다룬 문제다. 대명사를 바꾸는 방식이 아닌 문장 자체를 재배열해서 모호함을 없애는 유형의 문제다. 난이도가 높은 이유는 문장이 길어 분석하기가 어렵기 때문이다.

A와 B에서 "they"는 전통적 기업을 일컫는데, 성장 중인 기업들은 전통적 기업이 아닌 인터넷 기업들이므로 논리에 맞지 않다. 대명사는 앞에 오는 가장 가까운 명사를 꾸민다는 점을 잊지 말자.

C의 구조는 "financial formulas"가 성장하는 것처럼 보이기 때문에 틀렸다.

A와 C는 "do not apply to X in the same way as they do to Y"라는 어색한 문장을 사용하고 있다. 이보다 더 간결한 표현인 "do not apply to X in the same way as to Y"가 E에 나와 있다. A와 C, E의 동사 "apply"가 B와 D의 명사형 "applicability"보다 직접적이므로 더 좋은 표현이다.

7. Inland Taipan(★★)

정답: D

D) The Inland Taipan or Fierce Snake of central Australia is widely <u>regarded as the world's most venomous snake; the poison from its bite can kill human victims unless they are treated</u> within thirty minutes of an incident.

중앙 오스트레일리아의 인랜드 타이판 혹은 피어스 스네이크는 세계에서 독성이 가장 강한 뱀으로 널리 알려져 있는데, 물린 후 30분 이내에 치료를 받지 않으면 그 독 때문에 사람이 죽을 수도 있다.

유형: 대명사의 쓰임

난이도: 중

설명: 모호함을 없애기 위해 대명사를 추가해야 하는 상황을 다룬 문제다. 이런 형식의 모호한 문장은 알아차리기가 힘들다. 원래의 문장에 "they"가 빠져 있는데, 대명사 they가 없으면 "treated"가

"poison"을 가리킬 수도 있고 "victims"를 가리킬 수도 있어서 뜻이 모호해진다.

C에서 대명사 "it"은 가까이 있는 "bite"를 가리키므로 옳지 않다. 치료해야 할 대상은 무는 행위가 아닌 실제 희생자이기 때문이다. A와 C, E에서는 잘못된 관용표현 "regarded to be"를 썼는데 올바른 표현은 "regarded as"이다.

8. Medicare(★)

정답: C

C) Although the House of Representatives is considering Medicare legislation, it is not expected to pass without being significantly revised.

하원에서 의료법을 고려하고 있긴 하지만 전면 수정하지 않는 한 통과될 것 같지 않다.

유형: 대명사

난이도: 하

설명: 단수형 집합 명사나 단수인 무생물을 가리킬 때 대명사 "it"을 써야 한다는 점을 강조하는 문제다. 대명사 "they"가 하원을 가리킬 수 없으므로 A와 B는 옳지 않다. 하원은 단수형 집합 명사일 뿐만 아니라 무생물이므로 적절한 대명사는 "it"이다.

D는 대명사 "it"이 부적절하게 쓰인 경우로 의료법이 아닌 하원을 잘못 가리키고 있다. E는 가장 수동적인 문장으로 동작을 행하는 주체인 하원이 문장 맨 끝에 있다.

C에서는 대명사 "it"이 올바르게 의료법을 가리킨다. 종속절 "although the House of Representatives is considering Medicare legislation"을 능동태로 썼다. 문장 뒷부분의 "without being significantly revised"를 수동태로 쓰긴 했지만 남은 선택지 중 가장 나은 문장이므로 수용할 수 있다. 문장 뒷부분은 아래와 같이 표현할 수도 있다.

it is not expected to pass unless it is significantly revised.

(수동태이고 대명사 "it"을 두 차례 썼다.)

it is not expected to pass without significant revision.

(능동태이지만 명사형 "revision"을 썼다.)

NOTE

수동태를 나타내는 가장 흔한 단어는 "be"와 "was", "were", "been", "being"이다. 이와 더불어 전치사 "by"도 수동태와 밀접하게 연관되어 있다.

예: The ball was caught by the outfielder.

9. Oceans(★)

정답: C

C) <u>One cannot gauge the immensity of the world's oceans until he or she has tried to sail around the world.</u>

직접 항해해보지 않고서는 세상의 바다가 얼마나 큰지 가늠할 수 없다.

유형: 대명사의 쓰임

난이도: 하

설명: 대명사 불일치를 다룬 문제이다.

A에서는 3인칭 단수 대명사 "one"을 2인칭 대명사 "you"로 잘못 받았다. B에서는 3인칭 단수 "one"을 3인칭 복수 "they"로 잘못 받았다. <u>C에서는 3인칭 단수 "one"을 3인칭 단수 "he or she"로 올바르게 받았다.</u> D에서는 3인칭 단수 명사 "a person"을 2인칭 "you"로 잘못 받았다. E에서는 3인칭 단수 명사 "a person"을 3인칭 복수 대명사 "they"로 잘못 받았다. 대명사는 수와 인칭이 선행사와 일치해야 한다. 이 문제는 인칭이 아닌 수의 일치를 다룬 문제이다.

NOTE ✏️

대명사를 사용함에 있어서 인칭 및 수와 관련해 주의할 사항들이 아래에 나와 있다.

① "You"는 "you"로만 받을 수 있다.

오직 "you"만이 "you"를 받을 수 있다. 2인칭 대명사는 you 하나뿐이다.

② "He"나 "she", "one", "a person"은 "he"나 "she", "one", "a person" 중 하나로 받을 수 있다.

(He, she, one 등의) 3인칭 단수 대명사나 (a person 등의) 3인칭 단수 명사는 또 다른 3인칭 단수 대명사나 명사로 받을 수 있다(하지만 성은 일치해야 한다).

③ "You"는 "he"나 "she", "one", "a person"으로 받을 수 없다.

2인칭 대명사 "you"는 3인칭 대명사나 명사로 받을 수 없다.

④ "They"는 "he"나 "she", "one", "a person"으로 받을 수 없다.

3인칭 복수 대명사 "they"는 3인칭 단수 대명사나 명사로 받을 수 없다. "A person"은 대명사가 아니라 명사라는 점도 잊지 말자.

10. Metal Detector(★)

정답: C

C) Using a metal detector, hobbyists can locate old coins and other valuables even though they are buried in the sand and dirt.

금속 탐지기를 사용하면, 수집 취미가 있는 사람들은 오래된 동전과 다른 귀중품들을 모래나 흙 속에 묻혀 있더라도 찾아낼 수 있다.

유형: 수식

난이도: 하

설명: 잘못된 위치에 놓인 수식어의 예를 보여주는 문제다. 특히 문장 맨 앞에서 수식하는 구(문장 맨 앞에 오는 구)는 언제나 그 뒤에 첫 번째로 오는 (주격인) 명사나 대명사를 꾸민다. "수식하는 단어나 구는 꾸밈을 받는 단어와 가까이 있어야 한다"는 것이 일반적인 규칙이다.

선택지에서 유일하게 능동태로 쓰인 문장은 C다. 나머지 네 개는 수동태로 쓰였다("be"가 수동태임을 나타낸다). 게다가 A와 E는 문법적으로 틀렸다. A의 경우 동작을 행한 사람이 필요하다. E는 취미에 열심인 사람들이 동전을 묻었다는 뜻이 되어 문장의 의미가 바뀐다. 반면 B와 C, D는 문법적으로는 옳다. 이렇게 모든 조건이 동등한 경우에는 능동태를 수동태보다 더 좋은 문장으로 보므로 승자는 C다.

> **NOTE** ✎
>
> Almost나 only, just, even, hardly, nearly, not, merely와 같은 수식어의 위치에 관한 문제도 나올 수 있다. 혼란이 발생하지 않도록 수식어는 꾸밈을 받는 단어 바로 앞이나 뒤에 놓는 것이 이상적이다.
>
> 다음의 예를 보면서 "only"의 위치에 따라 문장의 의미가 어떻게 바뀌는지 살펴보자.

원래 문장: Life exists on earth(생물은 지구에 존재한다).

이제 "Only"를 다양한 위치에 넣어보자.

예문1: Only life exists on earth.

오직 생물만이 지구에 존재한다는 뜻이 된다. 하지만 알다시피 지구에는 바위처럼 생물 이외의 것들도 존재한다.

예문2: Life only exists on earth.

생물은 오직 지구에 존재만 할 뿐이다. 즉 존재하는 것 말고는 어떤 행위도 하지 않는다는 뜻이 된다.

예문3: Life exists only on earth.

원래 문장과 의미가 같다. "only"를 꾸미고자 하는 on earth 앞에 적절히 놓았다.

예문4: Life exists on only earth.

의미는 위의 문장과 같지만 더 극적이다. 생물의 유일한 영토는 지구이며 그 사실이 자랑스럽다는 의미를 내포하고 있다.

예문5: Life exists on earth only.

뜻은 예문3과 동일하지만 뉘앙스는 조금 다르다. 지구에서만 생물을 볼 수 있지만 그리 애석한 일은 아니라는 뜻일 수도 있다.

11. Hungary(★★)

정답: D

D) <u>Although constituting</u> less than one percent of the world's population, Hungarians have made disproportionately large contributions to the fields of modern math and applied science.

인구는 전 세계의 1퍼센트도 되지 않지만, 헝가리 사람들은 현대 수학과 응용 과학 분야에 엄청나게 기여했다.

유형: 수식

난이도: 중

설명: 수식에 관한 문제로 세부적으로는 "account for"나 "constitute"가 필요한 상황을 다루었다. 세계 인구의 1퍼센트 미만 이라는 표현을 쓸 때, 동사 "have(가지다)" 대신 "account for(차지하 다)"나 "constitute(구성하다)"를 사용해야 한다.

E는 비논리적이다. 문장 구조상 대조를 이루는 내용이 필요하므 로 연결어 "in addition"은 논리에 맞지 않으며 이런 관점에서 볼 때 "although"가 옳은 표현이다. 참고로 아래 문장도 정답이 될 수 있다.

: Although accounting for less than one percent of the world's population, Hungarians have made disproportionately large contributions to the fields of modern math and applied sciences.

12. Natural Beauty(★★)

정답: E

E) Plastic surgeons who perform surgery for non-medical reasons defend their practice on the basis of the free rights of their patients; many others in the health field, however, contend that plastic surgery degrades natural beauty, <u>likening it to reconstructing a national park</u>.

비 의료적인 수술을 시행하는 성형외과 의사들은 환자의 자유 의지를 내세워 자신들의 수술을 정당화시킨다. 하지만 건강 분야에 종사하는 많은 사람들이 성형수술은 자연미를 떨어뜨린다고 주장한다. 국립공원 재건이 그러하듯이 말이다.

유형: 수식

난이도: 중

설명: 쉼표로 구분된 구나 절이 문장 맨 뒤에서 꾸미는 유형을 다룬 문제다.

성형수술을 국립공원 재건과 비교한 마지막 선택지가 문법적으로 옳고, 논리적이며, 간결하다. "Likening"은 분사로써 분사구 "likening it to reconstructing a national park"의 도입부 역할을 한다. 이 구는 "natural beauty"가 아닌 "surgery"를 적절히 가리키고 있다.

A와 B, C에서 관계 대명사 "which"는 "surgery"가 아닌 바로 앞에 놓인 명사 "(natural) beauty"를 가리킨다. 결과적으로 "자연미"를 "국립공원 재건"(A)과 "국립공원"(B), "재건"(C)에 비유하는 잘못을 저질렀다. D는 "which" 구조를 제거하고 대명사 "it"을 넣어 "성형수술"을 명확히 가리키도록 문장을 고쳤지만 "성형수술"을 "국립공원"에 비유했으므로 논리적으로 맞지 않다. 게다가 "it"이 두 번 나온 것도 어색하다.

13. Cannelloni(★)

정답: D

D) Cannelloni has been and always will be my favorite Italian dish.
카넬로니는 지금껏 내가 좋아하는 이탈리아 요리였고, 앞으로도 그럴 것이다.

유형: 병치구조

난이도: 하

설명: 생략(문장 내에서 용인되는 단어 생략)과 관련된 병치구조 적용을 다룬 문제다.

D가 맞는지 확인하기 위해 각 부분을 채워 아래와 같이 뜻이 통

하게 만들어보자.

"Cannelloni <u>has been</u> my favorite dish … Cannelloni always <u>will be</u> my favorite dish."

E는 A, B와 마찬가지로 been을 빼먹는 잘못을 저질렀다. B와 C는 뒤죽박죽이 된 경우로 "was"를 쓰면 카넬로니를 한때 좋아했지만 더 이상 좋아하지 않는다는 뜻이 되어 논리에 맞지 않는다.

14. Massage(★★)

정답: B

B) Massage creates a relaxing, therapeutic, and rejuvenating experience for <u>both your body and your well-being</u>.

마사지는 느긋해지고, 긴장이 풀리고, 활기가 되살아하는 경험을 몸과 마음에 선사한다.

유형: 병치구조

난이도: 중

설명: 상관 접속사를 쓸 때 병치구조 적용을 강조한 문제다.

상관 접속사에는 "either…or"와 "neither…nor", "not only…but (also)", "both…and" 등이 있다. 상관 접속사의 역할은 중요도가 동등한 생각들을 서로 연결하는 것이다. 그러므로 연결어 앞뒤의 항목이 형식상 병치구조를 이루고 중요도도 동등해야 한다.

"Both…as well as"는 관용 어법에 어긋나므로 E는 정답이 아니다. 이 문제에 쓰인 상관 접속사는 "both…and"로 "both"와 "and" 뒤에 오는 어구들은 서로 병치 구조를 이루어야 한다. 정답인 B에서는 "both" 뒤에 "your body"가 오고 "and" 뒤에 "your well-being"이 와서 완벽한 병치구조를 이룬다. C와 D는 병치구조를 이루지 않는다.

이 밖에도 정답이 될 수 있는 문장 두 가지를 아래에 소개해놓았다.

① Massage creates a relaxing, therapeutic, and rejuvenating experience for <u>both</u> your body <u>and</u> your well-being.

② Massage creates a relaxing, therapeutic, and rejuvenating experience <u>both</u> for your body <u>and</u> for your well-being.

또 다른 예를 소개한다.

쉴라는 연기하고 노래하는 것을 좋아한다.

잘못된 예: Sheila <u>both</u> likes to act <u>and</u> to sing.

올바른 예: Sheila likes <u>both</u> to act <u>and</u> to sing.

올바른 예: Sheila <u>both</u> likes to act <u>and</u> likes to sing.

15. Europeans(★★★)

정답: A

A) <u>Italy is famous for its composers and musicians, France, for its chefs and philosophers, and Poland, for its mathematicians and logicians.</u>
이탈리아는 작곡가와 음악가로, 프랑스는 요리사와 철학자로, 폴란드는 수학자와 논리학자로 유명하다.

유형: 병치구조

난이도: 상

설명: 생략과 관련된 병치구조 적용을 다룬 문제다. 세미콜론과 생략의 쉼표, 무종지문, 문장의 단편 규칙도 함께 알아볼 수 있다.

A에서 "France"와 "Poland" 바로 뒤에 오는 쉼표들은 생략의 쉼표로 생략된 어구 "is famous"를 대신한다.

B는 주절끼리 쉼표로 연결한 무종지문의 예이다. "Poland" 앞에 "and"가 와야 한다. 그대로 두면 문장 세 개를 쉼표로 연결한 상태가 된다.

C에는 "France for its chefs and philosophers"와 "Poland for its mathematicians and logicians"라는 두 개의 문장이 들어 있는데, 이 구들은 두 개 다 불완전한 문장이므로 혼자 설 수 없다.

D는 대명사 "its"가 필요한 곳에 대명사 "their"를 잘못 사용했다.

나아가 이 선택지가 문법적으로 옳게 되려면 "France"와 "Poland" 뒤에 둘 다 쉼표를 찍거나 둘 다 쉼표를 생략해야 한다. 문맥상 쉽게 알 수 있는 단어는 문장 안에서 생략할 수 있다.

E는 문장의 의미가 바뀐다(절대 해서는 안 될 행동이다).

정리하면 가능한 정답은 네 가지다.

올바른 예: Italy is famous for its composers and musicians, France is famous for its chefs and philosophers, and Poland is famous for its mathematicians and logicians.

(여기에서는 "is famous"를 세 차례 반복했다.)

올바른 예: Italy is famous for its composers and musicians, France, for its chefs and philosophers, and Poland, for its mathematicians and logicians.

(정답 A와 같은 문장이다. "France"와 "Poland" 뒤의 쉼표가 사실상 "is famous"를 대신한다.)

올바른 예: Italy is famous for its composers and musicians, France for its chefs and philosophers, and Poland for its mathematicians and logicians.

(문장의 맥락 안에서 쉽게 알 수 있는 어구는 생략할 수 있다. "Is famous"

는 쉽게 알 수 있는 어구다. 이 문장은 B와 거의 동일하지만 Poland 앞에 등위 접속사 "and"를 올바르게 집어넣었다는 점이 다르다.)

올바른 예: Italy is famous for its composers and musicians; France, for its chefs and philosophers; Poland, for its mathematicians and logicians.

(위 문장은 쉼표와 함께 세미콜론을 사용했다. 폴란드 앞의 마지막 "and"는 써도 되고 안 써도 된다. D와 달리 이 문장에서는 "France"와 "Poland" 뒤에 올바르게 쉼표를 찍었으며 대명사 "their" 대신 "its"를 썼다.)

16. Sweater(★)

정답: E

E) Although neither sweater is really the right size, <u>the smaller one fits better</u>.

스웨터가 둘 다 딱 맞지는 않지만, 작은 크기의 스웨터가 비교적 더 잘 맞는다.

유형: 비교

난이도: 하

설명: 형용사의 비교급과 최상급 형태를 다룬 문제다.

"Neither one"을 통해 두 장의 스웨터를 비교하고 있음을 알 수 있다. 두 사물을 비교할 때는 형용사의 최상급이 아닌 비교급을 쓴다. 따라서 올바른 선택은 "best"가 아닌 "better", "smallest"가 아닌 "smaller"이다. (비교급인) "better"와 "smaller"는 정확히 두 가지를 비교할 때 쓰고 (최상급인) "best"와 "smallest"는 셋 이상을 비교할 때 쓴다.

NOTE

두 가지를 비교할 때는 형용사(혹은 부사)의 비교급 형태를 쓴다. 비교급은 (1) (1음절 형용사의 경우) 형용사에 "er"를 덧붙이거나 (2) (특히 세 음절 이상의 형용사인 경우) 형용사 앞에 "more"를 붙이는 두 가지 방법으로 만든다. "Jeremy is wiser (or more wise) than we know"처럼 둘 중 한 가지 방법을 쓰되 절대 "Jeremy is more wiser than we know."처럼 두 가지 방법을 동시에 사용해서는 안 된다.

단어 자체가 변화하는 경우도 있다. 이런 불규칙한 비교 표현들의 몇 가지가 다음에 나와 있다.

원급	비교급	최상급
good	better	best
well	better	best
bad	worse	worst
far	farther, further	farthest, furthest
late	later, latter	latest, last
little	less, lesser	least
many, much	more	most

17. Sir Isaac Newton(★)

정답: E

E) Within the scientific community, the accomplishments of Sir Isaac Newton are referred to more often <u>than those of any other</u> scientist, living or dead.

과학계는, 이미 죽었거나 살아 있는 과학자들의 업적 중에서 아이작 뉴턴의 성과를 가장 자주 언급한다.

유형: 비교

난이도: 하

설명: 정답에는 "those"와 "other"가 반드시 포함되어 있어야 한다. 먼저 A와 C, D의 경우 "other"를 쓰지 않아 아이작 뉴턴을 포함한 모든 과학자들과 비교하게 되므로 비논리적이다. 두 번째로 A와 B에서는 "those"를 쓰지 않아 "아이작 뉴턴의 업적"을 "다른 과학자들"과 직접 비교하게 되므로 비논리적이다. 명백히 "아이작 뉴턴의 업적"과 "다른 과학자들의 업적"을 비교해야 한다. C와 D, E에서는 "the accomplishments" 대신 "those"를 썼다.

18. Soya(★★)

정답: C

C) In addition to having more protein than meat does,

Soybeans have protein of higher quality than that in meat.

대두는 고기보다 더 많은 단백질을 함유하고 있을 뿐 아니라, 단백질의 질도 고기의 단백질보다 더 좋다.

유형: 비교

난이도: 중

설명: 지시 대명사 "that"의 사용을 강조하는 문제다. "고기에 들어 있는 단백질"과 "대두에 들어 있는 단백질"을 올바로 비교하는 것이 이 문제의 핵심이다. C의 문장 속 지시 대명사 "that"은 "the protein"을 대신한다. 즉 "soybeans have protein of higher quality than the protein in meat"와 같은 문장이다.

A와 B는 답이 아니다. "in addition to having more protein than meat does" 뒤에 "soybeans"가 와야 한다. D는 "soybean"으로 시작했지만 비교급을 만들 때 "it"을 쓴 것이 잘못되었다. "It"은 "soybean protein"을 받는다. E는 대두의 단백질을 고기와 직접 비교하는 잘못을 저질렀다.

19. Angel(★★)

정답: C

C) She sings as an angel sings.

그녀는 천사처럼 노래한다.

유형: 비교

난이도: 중

설명: "Like"나 "as"가 들어 있는 비교의 올바른 형태를 다룬 문제다. "Like"와 "as"의 기본적인 차이점은 "like"는 구에 쓰고 "as"는 절에 쓴다는 점이다. 구는 동사를 포함하지 않은 단어들의 집합이고 절은 동사를 포함한 단어들의 집합이다. D와 E는 구에 "as"를 썼음은 물론 구조도 어색하다.

이 문장을 올바르게 쓰는 방법은 세 가지가 있다.

① She sings <u>like an angel</u>.

"Like an angel"은 (동사가 없는) 구이므로 "like"를 쓰는 게 옳다.

② She sings <u>as an angel sings</u>.

"As an angel sings"는 (동사 "sings"를 포함한) 절이므로 "as"를 쓰는 게 옳다.

③ She sings <u>as an angel does</u>.

"As an angel does"는 (동사 "does"를 포함한) 절이므로 "as"를 쓰는 게 옳다.

광고문구라면 문법을 지키지 않는 게 유리할 수도 있다. 미국의 담배 회사 윈스턴은 "Winston tastes good like a cigarette should"라는 광고 문구를 쓴 적이 있다. "As"를 쓰는 대신, 문법에 맞진 않지만 주도적인 느낌을 주는 "like"를 사용하여 사람들의 이목을 끌었고, 결국 미국 담배 시장의 정상에 오를 수 있었다. DHL의 아시아를 겨냥한 최근 광고도 마찬가지다. 일부러 "No one knows Asia like we do"처럼 문법적으로 틀린 문장을 썼다. 이 문장을 올바르게 쓰면 "No one knows Asia as we do"가 된다.

20. Perceptions(★★)

정답: D

D) Because right-brained individuals do not employ convergent thinking processes, <u>as left-brained individuals do</u>, they may not notice and remember the same level of detail as their counterparts.

우뇌형 인간은 집중적 사고 과정을 거치지 않으므로, 좌뇌형 인간처럼 세세하게 기억하거나 알아차리지 못할 수도 있다.

유형: 비교

난이도: 중

설명: 비교 관용표현 "as···do"/"as···does"에 관한 문제다. 이 문제의 핵심은 "like"와 "as"를 구별해서 쓸 수 있는가에 달려 있다.

비교 대상은 우뇌형 인간의 집중적 사고 과정과 좌뇌형 인간의 집중적 사고 과정이다. (A와 B처럼) 우뇌형 인간의 집중적 사고 과정과 좌뇌형 인간을 직접 비교할 수는 없다.

C와 D, E는 절에 쓰이는 올바른 연결어 "as"를 사용한 반면 A와 B는 구에 쓰이는 "like"나 "unlike"를 사용했다. B와 E는 복수형 "individuals"가 아닌 단수형 "individual"을 썼다. 이 문제는 아래처럼 고쳐 쓰는 편이 더 낫다.

올바른 예 ①: Unlike left-brained individuals, right-brained individuals often do not employ convergent thinking processes, and they may not notice and remember the same level of detail as their left-brained counterparts <u>do</u>.

올바른 예 ②: Right-brained individuals often do not employ convergent thinking processes, and, unlike left-brained individuals, right-brained individuals may not notice and remember the same level of detail <u>as</u> their left-brained counterparts <u>do</u>.

21. Geography(★★)

정답: A

A) Despite the fact that the United States is a superpower, <u>American high school students perform more poorly on tests of world geography and international affairs than do</u> their Canadian counterparts.

미국이 초강대국이라는 사실에도 불구하고 세계 지리와 국제 정세에 관한 시험에서 미국 고등학생들은 캐나다 학생들보다 더 낮은 성적을 기록했다.

유형: 비교

난이도: 중

설명: 두 가지를 비교할 때 쓰는 관용표현 "more…than"의 올바른 사용법을 강조하는 문제다. 먼저 문장의 밑줄 치지 않은 부분에 "counterparts"라는 단어가 있으므로 미국 고등학생들과 캐나다 고등학생들(복수와 복수)을 비교해야 한다는 점을 기억한다. 따라서 단수형인 "the American high school student"로 시작하는 선택지는 모두 의심하라. 동사가 옳은지도 모두 확인한다. 복수형 어구 "Canadian counterparts"와 일치하는 복수형 동사는 "do"이고, 단수형 어구 "Canadian counterpart"와 일치하는 단수형 동사는 "does"이다.

그런 다음에는 표준에 맞지 않는 비교 구조, 즉 "more…compared to" 와 "more…compared with"를 제거해야 한다. 올바른 관용 표현은 "more…than" 혹은 "less…than"이다. 따라서 B와 C, E는 옳지 않다.

22. Assemblée Nationale(★★)

정답: D

D) <u>Just as Parliament is the legislative government body of Great Britain, so</u> the Assemblée Nationale is the legislative government body of France.

의회가 영국의 입법기관인 것처럼 국민의회는 프랑스의 입법기관이다.

유형: 비교

난이도: 중

설명: 비교 관용표현 "just as…so (too)"에 관한 문제다. 괄호는 "too"의 사용이 선택 사항임을 나타낸다. D의 비교 관용표현 "just as … so (too)"는 "~처럼 ~하다"의 의미를 표현할 때 쓸 수 있다. D는 표준에 맞는 비교 표현으로 영국의 의회와 프랑스의 국민의회를 비교한다.

A와 B에서는 "as"의 사용이 옳지 않다. "as"는 종속 접속사로 기능하므로 문장에 "as"를 쓰면 영국 의회와 프랑스 의회의 존재 사

이에 논리적인 연관성이 있다는 뜻이 된다. 아래와 같이 "as"와 비슷한 기능을 하는 "because"로 바꿔서 해석해보면 논리적 오류를 더 확실하게 확인할 수 있다.

: Because Parliament is the legislative government body of Great Britain, the Assemblée Nationale is the legislative government body of France.

E는 영국의 입법 기관과 국민의회를 비교하는 문장이라서 어색하다.

C도 어색한 표현으로 "just like"는 절이 아닌 구와 함께 써야 한다.

NOTE ✎

아래 예문을 살펴보자.

올바른 예: Just as birds have wings, so too fish have fins.

잘못된 예: As birds have wings, fish have fins.

잘못된 예: As birds have wings, fish, therefore, have fins.

위에서 "as" 대신 "because"를 넣어보면 비논리적인 관계라는 것을 빨리 알아챌 수 있다. 새에게 날개가 있는 것과 물고기에게 지느러미가 있는 것 사이에 논리적인 연관성은 없다. 다시 말해 새에게 날개가 있기 때문에 물고기에게 지느러미가 있어야 하는 것은 아니다.

23. Bear(★★★)

정답: C

C) <u>Like the Alaskan brown bear and most other members of the bear family, the grizzly bear has a diet consisting</u> of both meat and vegetation.

알래스카 불곰 및 그 외의 곰과에 속하는 대부분의 동물들과 마찬가지로 회색 곰도 잡식성이다.

유형: 비교

난이도: 상

설명: 비교를 할 때 가장 기본이 되는 규칙은 비슷한 대상끼리 비교해야 한다는 것이다. 즉 사과와 사과를, 오렌지와 오렌지를 비교한다. 특히 한 대상의 특징과 다른 대상의 특징을 비교할 때는 더욱 그렇다. 이런 경우 사물과 사물을, 특징과 특징을 비교해야 한다.

여기에서는 곰끼리 혹은 곰의 식성끼리 비교해야 한다. 원래 문장인 A는 곰과에 속하는 "Alaskan brown bear and most other members"와 회색 곰의 "diet"를 잘못 비교했다. 즉 동물과 식성을 비교하는 잘못을 저질렀다. B는 구조적으로 문제는 없지만 ("those" 는 "the diets"를 대신하는 지시 대명사이다.) 회색 곰의 식성을 어법에 맞지 않게 "diets"로 썼다. 관용적으로 "diet"는 한 종류의 곰이 지닌 식성을 일컫고 "diets"는 두 종류 이상의 곰이 지닌 식성을 일컫는다. D는 ("like" 혼자로 충분한데도) "just like"처럼 중복표현을 썼을 뿐 아니라 관용어법에 맞지 않는 "diets"를 썼다. E에서는 원래의 실수를 반대로 저질렀다. 이번에는 알래스카 불곰 및 다른 곰과 동물들의 "diets(식성)"을 "grizzly bears(붉은 곰)"와 직접 비교했다.

가능한 정답들을 모두 소개한다.

① Like the Alaskan brown bear and most other members of the bear family, the grizzly bear has a diet consisting of both meat and vegetation.

② Like the Alaskan brown bear and most other members of the bear family, grizzly bears have a diet consisting of both meat and vegetation.

③ Like the diets of the Alaskan brown bear and most other members of the bear family, the diet of the grizzly bear consists of both meat and vegetation.

④ Like the diets of the Alaskan brown bear and most other members of the bear family, the diet of grizzly bears consists of both meat and vegetation.

24. Smarts(★★★)

정답: E

E) Unlike the Miller Analogies Test, which follows a standardized format, <u>IQ tests follow formats that vary considerably in both content and length</u>.

표준화된 MAT의 구성 방식과 달리 IQ 테스트의 구성 방식은 내용과 길이가 매우 다양하다.

유형: 비교

난이도: 상

설명: 복수는 복수끼리, 단수는 단수끼리 비교하는 것에도 예외가 있음을 알려주는 독특한 문제이다. 이 문제에서는 "the Miller Analogies Test"와 "IQ tests"를 비교하고 있다. 즉 시험 유형을 비교하는 동시에 한 가지 시험 방식과 다른 시험 방식들을 동시에 비교하고 있다.

A와 B는 "the Miller Analogies Test"를 "the formats…"와 잘못 비교하고 있다. C가 맞는 답처럼 보이지만 시험 방식이 한 가지라면 내용과 길이 면에서 다양할 수 없기 때문에 논리적으로 오류가 생긴다. D 역시 마찬가지다. 하나의 IQ 테스트에 여러 가지 "formats"가 있을 수는 없다. E는 복수형의 "IQ tests"와 복수형의 "formats"를 올바르게 결합했다.

이 문제와 매우 유사한 예를 추가로 소개한다.

잘못된 예: Unlike Canadian football, which is played on a standardized field, American baseball is played on a field that varies considerably in shape and size.

올바른 예: Unlike Canadian football, which is played on a standardized field, American baseball is played on fields that vary considerably in shape and size.

25. Golden Years(★)

정답: E

E) According to the findings of a recent study, many executives <u>have elected to retire early rather than face</u> the threats of job cuts and diminishing retirement benefits.

최근 연구 결과에 따르면, 많은 중역들이 실직의 위협과 퇴직 수당의 감소를 마주하는 대신 조기 은퇴를 선택하고 있는 것으로 드러났다.

유형: 동사의 시제

난이도: 하

설명: 현재 완료 시제와 과거 완료 시제의 차이를 보여주는 문제다. 정답은 현재 완료 시제를 취한다. 선택지에서 E만이 올바른 시제(현재 완료)를 사용하고 있고, 병치구조를 이루고 있으며, 관용 어법에도 들어맞는다. 현재까지 지속되고 있는 상황을 설명하는 문장

이므로 과거 완료 시제("had elected")를 쓴 A와 B는 옳지 않다. E에
서는 동사형 "to retire"(부정사)와 "face"가 명사형 "retirement"와
"facing"보다 더 밀접한 병치구조를 이룬다. 또한 표준 문어체 영어
(SWE)에 따르면 "x rather than y"와 "x instead of y"는 동등한 표현
이다.

26. Politics(★★)

정답: D

D) Although he <u>had disapproved of the political platform
set forth by Senator Barack Obama during the 2008 U.S.
presidential primaries, Senator John McCain later conceded</u>
that there must be a basis for a coalition government and
urged members of both parties to seek compromise.

상원 의원 존 매케인은 2008년 미국 대통령 예비 선거 기간에 상원 의원 버락
오바마가 제시한 정치 강령을 못마땅해 했지만 훗날 이 강령이 연립 정부의 근
간임을 인정하면서 양당 의원들에게 타협안을 찾도록 설득했다.

유형: 동사의 시제

난이도: 중

설명: 과거 완료 시제와 이 시제를 만들 때 필요한 조동사 "had"의
정확한 쓰임을 다룬 문제다. 이 문제는 과거 완료 시제의 중요한

특징, 즉 두 사건 중 먼저 일어난 사건 앞에 "had"를 쓴다는 점을 강조하고 있다.

일단 문장 속에 "disapproved"와 "conceded" 이렇게 두 개의 과거시제가 등장하는데, "Later conceded"처럼 시간을 나타내는 단어 "later"가 들어 있어 각 사건이 일어난 순서를 명확히 알 수 있다.

이 예에서는 상원 의원 존 매케인이 정치 강령을 인정하기 전에 못마땅해한 것이므로, 조동사 "had"는 "had disapproved…later conceded"처럼 두 과거사건 중 (두 번째 사건이 아닌) 첫 번째 사건 앞에 와야 한다.

A는 순서를 바꿔서 표현했고("disapproved…had later conceded"), E는 "had"를 두 번 써서 문장을 혼란스럽게 만들었다("had disapproved…had later conceded"). 둘 다 논리에 맞지 않는다. B와 C는 과거 완료 시제("had")가 필요한 곳에 현재 완료 시제("has")를 잘못 썼다.

NOTE ✎

아래 문장도 정답이 될 수 있다.

: Although he disapproved of the political platform set forth by Senator Barack Obama during the 2008 U.S. presidential primaries, Senator John McCain later conceded.

위의 예문은 과거 완료 시제를 쓰지 않았지만 올바른 문장이다. 과거 완료 시제 대신 과거 시제 동사 두 개, 즉 "disapproved"와 "conceded", 그리고 시간을 나타내는 단어 "later"를 썼다. 시간의 순서가 명확하므로 조동사 "had"의 사용 여부는 선택할 수 있는 것으로 본다.

27. Trend(★★)

정답: A

A) <u>The percentage of people remaining single in Holland increased abruptly between 1980 and 1990 and continued to rise more gradually over the next ten years.</u>

1980년부터 1990년 사이에 네덜란드에서 결혼하지 않는 사람의 비율이 급작스럽게 증가했으며 그 후 10년간 점진적으로 증가했다.

유형: 동사의 시제

난이도: 중

설명: 과거 시제와 과거 완료 시제, 과거 시제와 현재 완료 시제의 차이를 보여주는 문제다. 과거 시제를 사용한 문장이 정답이다. 과거 시제로도 충분히 과거의 기간(1980년~1990년)을 명확히 표현할 수 있다.

B의 현재 완료 시제 "has continued"는 사건이 일어난 시기인 먼 과거와 일치하지 않는다. 또한 과거에 일어난 두 사건의 순서를 특별히 구분하고 있지 않으므로 C의 과거 완료 시제 "had continued"는 필요하지 않다.

D와 E에서는 초점이 "percentage of people"에서 "abrupt increase"로 바뀐다. 이런 의미 변화는 부적절하며 옳지 않다. D의 대명사 "it"과 E의 "which"는 모호하다. "percentage of people"을 가리킬 수도 있고 "abrupt increase"를 가리킬 수도 있다. 게다가 D와 E는 "there had been"과 "there was"의 수동형 구조를 취하는데 이는 힘이 없는 문장 구조이므로 피하는 편이 좋다.

28. Fire(★★)

정답: B

B) <u>Most houses that were destroyed or heavily damaged in residential fires last year had been</u> built without adequate fire detection apparatus.

작년에 발생한 주택가 화재로 무너지거나 심각한 손상을 입은 대부분의 집들은 적절한 화재 감지 장치 없이 지어진 집들이다.

유형: 동사의 시제

난이도: 중

설명: 과거 완료 시제와 과거 시제, 과거 완료 시제와 현재 완료 시제의 차이를 다룬 문제다. 수동형 동사 구조인 "had been"/"have been"도 함께 다루고 있다. 정답은 과거 완료 시제가 들어 있는 문장이다.

과거 두 사건 중 먼저 일어난 사건에 조동사 "had"를 써야 한다. 동사의 시제를 올바르게 쓴 선택지는 B뿐이다. A와 C, E 문항은 집들이 소실된 동시에 심각한 손상을 입었다는 표현이다. 집들이 둘 중 한 가지 문제로 고통 받았다는 사실을 나타내려면 "or"가 필요하다. A는 단순 과거 시제(즉, 동사 "were")만 사용했기 때문에 화재가 발생하기 전에 집이 건축되었음을 알려주지는 못한다. D와 E는 현재 완료 시제를 잘못 써서 결과적으로 작년에 집들이 소실되거나 심각한 손상을 입은 뒤에 최근 건축되었다는 뜻이 된다.

29. B-School(★★)

정답: E

E) As graduate management programs become more competitive in the coming years in terms of their promotional and financial undertakings, schools will become more and more dependent on alumni networks, corporate sponsorships, and philanthropists.

홍보와 재정적인 측면에서, 학교들은 점점 더 졸업생 네트워크와 기업 후원, 자선가에 의존하고 있다.

유형: 동사의 시제

난이도: 중

설명: 미래 시제와 현재 완료 시제(단순형과 진행형 모두)의 차이를 보여주는 문제다. 미래 시제를 사용한 E가 정답이다.

모든 선택지에 "in the coming years"라는 어구가 들어 있기 때문에 미래에 관한 문장임을 확실히 알 수 있다. A와 B의 (현재 완료 진행 시제 수동태인) "have been becoming"은 적합하지 않다. C와 D의 현재 완료 시제 또한 정답이 아니다. 현재 완료 시제는 과거에 시작해서 현재에 이르는 사건에만 쓸 수 있다.

30. Summer in Europe((★★)

정답: C

(C) By the time we have reached France, we will have been backpacking for twelve weeks.

프랑스에 도착할 즈음이면 우리는 12주째 배낭여행 중일 것이다.

유형: 동사의 시제

난이도: 중

설명: 미래 완료 시제의 올바른 쓰임을 보여주는 문제다.

이 문제에는 미래 완료 시제를 써야 한다. A와 B는 현재 완료 시제 "have reached"를 썼다. E는 미래 시제를 과거 시제로 잘못 썼다. D는 미래 완료 시제 자체를 잘못 썼다.

E는 과거 시제 "reached"와 (진행형) 미래 완료 시제를 섞어 사용했다. 만약 아래처럼 썼다면, 비록 원래 문장이 의도했던 뜻과는 반대가 되지만 과거 완료 시제 사용법에는 부합하는 문장이 된다.

: By the time we reached France, we had been backpacking for 12 weeks.

미래 완료 시제와 과거 완료 시제는 시간적인 면에서는 정반대이지만 구조적으로는 비슷하다. 두 시제를 구분하는 방법을 소개한다.

과거 완료 시제: 어떤 일이 일어났을 즈음에 또 다른 일이 이미 일어난 상태였다.

미래 완료 시제: 어떤 일이 일어날 즈음에 또 다른 일이 이미 일어나 있을 것이다.

'쉼표 사용에 관한 연습문제' 정답 및 해설

1.

정답: The Oscar, the Emmy, and the Tony are three related awards which confuse many people.

오스카상과 에미상, 토니상은 많은 사람들이 헷갈리는 세 가지 상이다.

설명: 미국식 영어에서는 에미상 뒤에 쉼표가 필요하지만 영국식 영어에서는 생략한다.

2.

정답: Emerging from the ruins of the World War II, Japan embarked on an economic recovery that can only be viewed in historical terms as astonishing.

제2차 세계대전의 폐허를 헤쳐 나온 일본의 경제 회복은 역사적인 관점에서 놀라울 수밖에 없다.

설명: "World War II" 뒤에 괄호의 쉼표가 필요하다.

3.

정답: Every major band requires a lead singer, a lead guitarist, a bass guitarist, and a drummer.

모든 밴드에는 메인 보컬과 메인 기타리스트, 베이스 기타리스트, 드러머가 있어야 한다.

설명: 동사 "requires" 뒤에 쉼표를 찍으면 안 된다.

4.

정답: A dedicated, empathetic individual can achieve lifetime recognition as a United Nations worker.
헌신적이고 이해심 있는 사람은 UN 직원으로서 평생 인정받을 수 있다.

설명: "dedicated, empathetic"의 문장 속에 "and" 대신 쓰인 생략의 쉼표가 들어 있다. 쉼표의 사용법이 맞는지 확인하는 방법에는 두 가지가 있다. 첫째, 쉼표 대신 "and"를 넣어 "dedicated and empathetic"으로 만든다. 둘째, 두 단어의 순서를 바꾸어 "empathetic, dedicated individual"로 만든다. 이렇게 했을 때 두 경우 다 문맥상 여전히 뜻이 통하므로 쉼표를 사용하는 게 맞다.

5.

정답: More than a few people were shocked to discover that a torn, previously worn pair of Madonna's underwear sold for more money at the auction than did a large, splendid sketch by Vignon.

크고 훌륭한 비뇽의 스케치보다 이미 찢어지고 해진 마돈나의 속옷이 경매에서 더 비싼 값에 팔리는 모습을 보고 적지 않은 사람들이 충격을 받았다.

설명: "Previously worn"이나 "splendid" 뒤에는 쉼표가 오지 않는다. 수식어 구와 꾸밈을 받는 단어 사이에는 쉼표를 찍지 않는다. 여기에서 꾸밈을 받는 단어는 "pair of Madonna's underwear"와 "sketch"이다.

6.

정답: The more he talked with her, the more he liked her.

그는 그녀와 이야기를 나눌수록 그녀가 더 좋아졌다.

설명: "Her" 뒤에 대조의 쉼표가 필요하다.

7.

정답: That crowded housing tenement, a cluster of run-down, look-alike apartments, was the site of the Prime Minister's birthplace.

낡고 똑같이 생긴 아파트들이 모여 있는 복잡한 임대 주택이 국무총리가 태어난 곳이었다.

설명: "Apartments" 뒤에 쉼표를 찍는다. "A cluster of run-down, look-alike apartments"는 필수적이지 않은 (따라서 선택사항인) 구이므로 앞뒤에 쉼표를 찍어야 한다.

8.

정답: South Africa is famous for her gold and diamonds, Thailand, for her silk and emeralds, and Brazil, for her coffee and sugarcane.

남아프리카는 금과 다이아몬드로, 태국은 실크와 에메랄드로, 브라질은 커피와 사탕수수로 유명하다.

설명: Thailand와 Brazil 뒤에 쉼표가 필요하다. (생략의) 쉼표가 "is famous"를 대신한다. 따라서 실제 문장은 아래와 같다.

: South Africa is famous for her gold and diamonds, Thailand is famous for her silk and emeralds, and Brazil is famous for her coffee and sugarcane.

이 문장을 고치는 방법으로는 두 가지가 더 있다.

① 원래 문장에 있던 두 번째 쉼표를 생략한다.

South Africa is famous for her gold and diamonds, Thailand

for her silk and emeralds, and Brazil for her coffee and sugarcane.

이 방법에는 생략의 규칙이 적용된다. 문맥상 이미 알고 있는 어구(이 경우에는 "is famous")는 생략할 수 있다.

② 세미콜론을 쉼표와 함께 사용한다.

South Africa is famous for her gold and diamonds; Thailand, for her silk and emeralds; and Brazil, for her coffee and sugarcane.

세미콜론은 쉼표와 함께 사용할 수 있는데, 특히 문장부호가 많이 들어간 문장에 쓰인다. "Brazil" 앞에 있는 마지막 "and"는 써도 되고 안 써도 된다.

9.

정답: She reached for the clock and, finding it, hastily silenced the alarm.

그녀는 손을 뻗어 시계를 찾은 뒤 급하게 자명종을 껐다.

설명: "Finding it"은 필수적이지 않은 구이므로 앞뒤에 괄호 기능의 쉼표가 필요하다. 이 어구를 빼도 여전히 아래처럼 완전한 문장이 된다.

: She reached for the clock and hastily silenced the alarm.

10.

정답: Josie originally wanted to be a nurse, but after finishing university, she decided to become a flight attendant instead.

조시는 원래 간호사가 되고 싶었지만 대학을 졸업한 뒤 비행기 승무원이 되기로 결심했다.

설명: 이 문장은 "Josie originally wanted to be a nurse"와 "After finishing university, she decided to become a flight attendant"의 두 문장이 결합한 것이다. 이때 "but" 앞에는 연결의 쉼표가 필요한 반면, "university" 뒤에는 괄호의 쉼표가 필요하다. 만약 두 개의 쉼표가 모두 괄호의 쉼표로 기능한다면 "but after finishing university"를 없앨 수 있을 것이고 그래도 여전히 뜻이 통할 것이다. 하지만 실제로는 이 문장을 생략하면 뜻이 통하지 않는다.

참고 문헌

「시카고 작문법The Chicago Manual of Style」15차 개정판. 시카고: 시카고 대학 출판부, 2003년

클레어 커월드 쿡. 「한 줄 한 줄 자신의 글을 고쳐 쓰는 법Line by Line: How to Edit Your Own Writing」보스턴: 호튼 미플린 출판사, 1985년

조지 에렌하프트, 「배런 SAT 작문 워크북Barron's SAT Writing Workbook」 2차 개정판, 배런 학습서 시리즈. 하퍼지, 뉴욕: 배런 출판사, 2009년

「엔카르타 웹스터 영어 사전Encarta Webster's Dictionary of the English Language」 2차 개정판. 뉴욕: 블룸스베리 출판사, 2004년

미뇽 포가티, 「세련된 영작을 위한 그래머걸의 초간단 영문법Grammar Girl: Quick and Dirty Tips for Better Writing」http://grammar.quickanddirtytips.com/

맥스 포지엘 「영어 문법과 양식, 작문을 위한 핸드북The English Handbook of Grammar, Style, and Composition」피스카타웨이, 뉴저지: 연구교육협회, 1987년

멜린다 크레이머와 글렌 H. 레깃, C. 데이비드 미드 「프렌티스 홀 작문 핸드북Prentice Hall Handbook for Writers」11차 개정판. 잉글우드 클리프스, 뉴저지: 프렌티스 홀 출판사, 1995년

「메리엄 웹스터 대학생용 영어 사전Merriam Webster's Collegiate Dictionary」11 차 개정판. 스프링필드, 매사추세츠, 메리엄 웹스터 출판사, 2005년

존 B. 오프디크 「하퍼 영문법Harper's English Grammar」뉴욕: 워너 출판사, 1983년

「옥스퍼드 영어 사전Oxford Dictionary of English」2차 개정판. 뉴욕: 옥스퍼드 대학교 출판부, 2005년

로버트 M. 리터, 「옥스퍼드 작문법The Oxford Style Manual」뉴욕: 옥스퍼드 대학교 출판부, 2003년

마저리 E. 스킬린과 로버트 M. 게이 「책 만들기 매뉴얼Words into Type」3차 개정

판. 잉글우드 클리프스, 뉴저지: 프렌티스-홀 출판사, 1974년

윌리엄 스트렁크 Jr.와 E. B. 화이트 「영어 글쓰기의 기본The Elements of Style」 4차 개정판. 뉴욕: 앨린 앤 베이컨 출판사, 2000년

로버트 로렌스 트라스크 「펭귄 영어 구두법The Penguin Guide to Punctuation」 런던: 펭귄 출판사, 1999년

린 트러스 「먹고, 쏘고, 튄다Eats, Shoots & Leaves: The Zero Tolerance Approach to Punctuation」 뉴욕: 고담 출판사, 2004년

젠 베놀라 「올바로 써라! 가까이 두고 보는 구두법, 문법, 작문 안내서Write Right! A Desktop Digest of Punctuation, Grammar, and Style」 4차 개정판. 버클리: 텐 스피드 출판사, 2004년

존 E. 워리너 「영어 작문과 문법을 위한 완벽한 안내서English Composition and Grammar: Complete Course」 올랜도, 플로리다: 하코트 브레이스 조바노비치 출판사, 1988년

「위키피디아 백과사전Wikipedia, The Free Encyclopedia」 중 "글쓰기 양식" http://en.wikipedia.org/wiki/Writing_style.

언어를 주의 깊고 올바르게 쓰는 일은

조리 있게 사고하는 데 큰 도움을 준다.

우리가 뜻하는 바를 말로 정확히 표현하려면

그 주제에 대한 우리의 생각이 매우 분명해야 하기 때문이다.

-윌리엄 이안 베버리지

정수진 옮김

이화여자대학교 영어교육학과를 졸업하고 외국계 기업에서 8년간 근무했다. 글밥 아카데미를 수료하고 현재 바른번역에서 전문번역가로 활동하고 있다. 역서로는 『세계사 천재의 비법노트』, 『비주얼 영어』, 『예수, 그 깨끗함과 진실함』, 『아이주도 이유식』, 『브릭원더스』, 『쉬운 바느질』, 『브릭시티』, 『기독교인도 우울할 수 있다』 등이 있다.

회화에서 글쓰기까지, 당신의 영어 실력을 탄탄하게 받쳐줄

써먹는 영문법

초판 1쇄 발행 2017년 12월 22일
초판 5쇄 발행 2022년 8월 18일
지은이 브랜던 로열 | **옮긴이** 정수진

펴낸이 민혜영 | **펴낸곳** (주)카시오페아 출판사
주소 서울시 월드컵로 14길 56, 2층
전화 02-303-5580 | **팩스** 02-2179-8768
홈페이지 www.cassiopeiabook.com | **전자우편** editor@cassiopeiabook.com
출판등록 2012년 12월 27일 제2014-000277호
편집1 최유진, 오희라 | **편집2** 이호빈, 이수민 | **디자인** 이성희, 최예슬
마케팅 허경아, 홍수연, 이서우, 변승주

ISBN 979-11-88674-03-9 03740

이 도서의 국립중앙도서관 출판시도서목록 CIP은 서지정보유통지원시스템 홈페이지 http://seoji.nl.go.kr와 국가자료공동목록시스템 http://www.nl.go.kr/kolisnet에서 이용하실 수 있습니다.
CIP제어번호: CIP2017033035

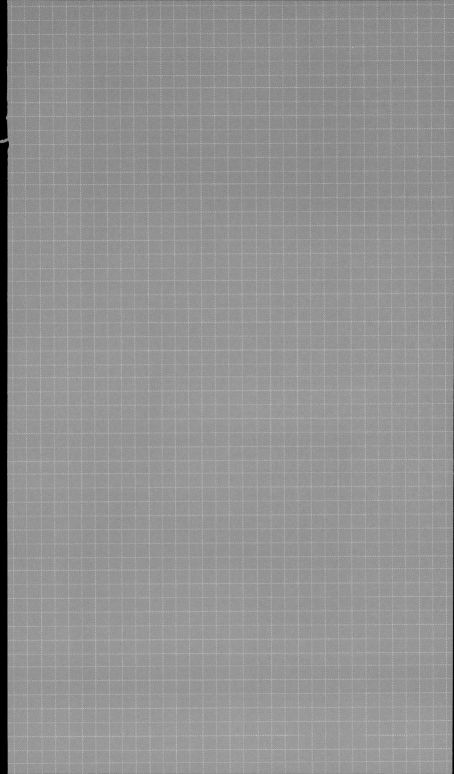

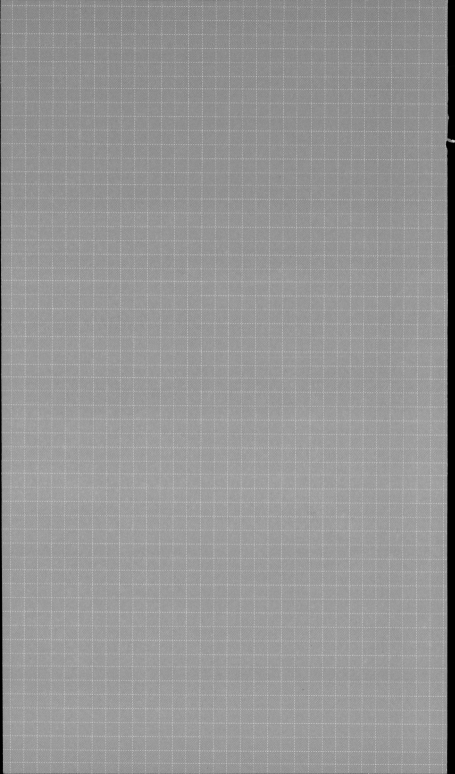